新しい園芸の世界を切り拓く

テーマパーク・ガーデンセンター

尾崎明弘
OZAKI AKIHIRO

幻冬舎MC

FLOWER PARK

aki
ER PARK
ozaki
FLOWER PARK
1F FLOOR MAP
SUCCULENTS
OUTDOOR PLANTS
POT
HERBS
VEGETABLES & BULBS
SUMMIT
GROWERS CAFE
SEASONAL PRODUCTS
Rafflesia
CASHIER

散策

Strolling

オザキフラワーパークに入って最初に目にするコーナーです。四季の花苗や、葉色を楽しむリーフプランツ、イングリッシュガーデンに不可欠なバラや宿根草、都内ではなかなか手に入らない山野草など、さまざまなバリエーションの植物を幅広く用意しています。色とりどりの花々で見る人の目を楽しませ、オザキフラワーパークに来た人の心をまず躍らせる空間です。

収穫

Joy of Harvesting

花苗コーナーと隣接する野菜・ハーブコーナーです。葉物野菜から根菜まで、季節に応じて野菜苗の豊富なラインナップを取りそろえています。ハーブコーナーにも、定番のローズマリーやミントをはじめ、さまざまな自家栽培用の苗を用意しています。見たことがない野菜でも、スタッフに声をかければ育て方をしっかり説明するようにしています。

体験

English Garden

オザキフラワーパークの奥には、私が海外で見た景色を参考にゼロから作り上げたイングリッシュガーデンがあります。石を積み上げて作った庭や、色々な動物の石像が置いてあるのを見ると、少し異国の雰囲気を味わうことができます。

2F FLOOR MAP
AQUARIUM
100YEN SHOP
STATIONERY & TOYS
BOOK
GARDENING
GOODS
FAKE GREEN
EVENT SPACE
INDOOR PLANTS
FLOWER POT
GREEN BREEZE
BIG POT
EVENT SPACE

宝探し

Treasure Hunt

オザキフラワーパークの一番の特徴となる観葉植物コーナーです。手のひらサイズの小鉢から大型グリーンまで、ありとあらゆるサイズ・種類の室内向け観葉植物を用意しており、都内最大級の品ぞろえを誇っています。植物初心者は置き場所や水やりなどをスタッフに相談して自分だけの一鉢を探すことができ、もちろん植物マニアもジャングルのなかの宝探し感覚で、ほかにはない植物を発見し楽しむことができます。

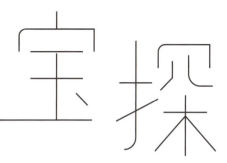

1F FLOOR MAP
SUCCULENTS
OUTDOOR PLANTS
POT
HERBS
VEGETABLES & BULBS
SUMMIT
GROWERS CAFE
SEASONAL PRODUCTS
Rafflesia

GROWERS CAFE
Today's Recommend

憩い

Relaxing at the cafe

併設するカフェ「GROWERS CAFE」では、生産者の顔が見える食材を厳選し、コーヒーや料理を提供しています。店内に大胆に配置された植物や木々は、すべてオザキフラワーパークがプロデュースしています。買い物前に目当ての商品を話し合ったり、買い物を終えたら一休みしたりするなど、癒やしの空間を味わってほしいと思います。

はじめる

Enjoying Gardening

植物初心者も上級者も満足できるよう、用土や肥料、薬品、土農工具、ガーデンファニチャーといった園芸資材もひととおり取りそろえています。花苗・野菜用、観葉植物用に適したオザキフラワーパークオリジナルブレンドの用土や、植物の種子、育苗用のアイテムも販売しており、買い物に来た人がその日から園芸を始められるようにしています。

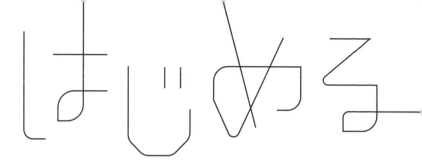

2F FLOOR MAP
AQUARIUM
100YEN SHOP
STATIONERY & TOYS
BOOK
GOODS
GARDENING
EVENT SPACE
FAKE GREEN
INDOOR PLANTS
GREEN BREEZE
BIG POT
FLOWER POT
EVENT SPACE

2F FLOOR MAP

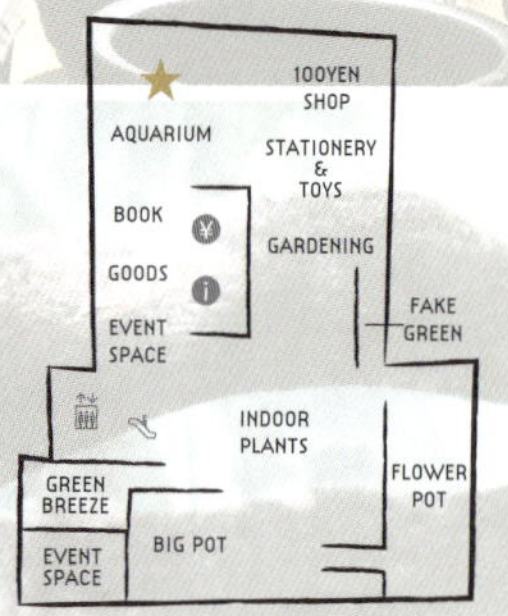

100YEN SHOP
AQUARIUM
STATIONERY & TOYS
BOOK
GARDENING
GOODS
FAKE GREEN
EVENT SPACE
INDOOR PLANTS
GREEN BREEZE
FLOWER POT
EVENT SPACE
BIG POT

水と緑

The vitality

約300本の水槽で、熱帯魚、金魚、メダカ、水草、苔《こけ》、爬虫《はちゅう》類などの生体を販売しています。日常でアクアを取り入れることに憧れる人も多いといいます。苔テラリウム、パルダリウムコーナーも用意しており、流木や石などのレイアウト素材は国内最大級規模の品ぞろえとなっています。めったに見られない爬虫類も人気コーナーとなっています。

1F FLOOR MAP
SUCCULENTS
OUTDOOR PLANTS
POT
SUMMIT
HERBS
VEGETABLES & BULBS
GROWERS CAFE
SEASONAL PRODUCTS
Rafflesia

彩り

Living with Flowers

1階建物入口にある「ラフレシア」では、品質や持ち、季節感にこだわった切り花、枝ものを種類豊富に用意しています。お花選びが楽しくなる、3束1,400円のコーナーは大人気です。枝ものも、インテリアに溶け込む枝を季節やシチュエーションに合わせて用意しており、もちろん花束にアレンジメント、スタンド花の注文も可能です。また、季節の花材を使ったリースやスワッグづくりのワークショップも定期的に開催しています。

触れあい
Interaction

2F FLOOR MAP

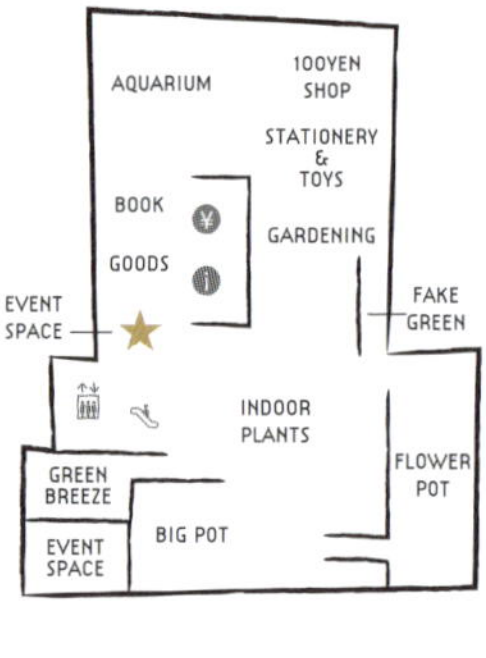

オザキフラワーパークでは、定期的に季節に応じたイベントを実施しています。なかには体験型のイベントや、スタッフが植物の育て方を説明する講習会も行っています。植物を通じてお客様の喜びをダイレクトに感じるとても大切なコミュニケーションの場となっています。

新しい園芸の世界を切り拓く

テーマパーク・ガーデンセンター

はじめに

私が経営する「オザキフラワーパーク」は、３０００坪の敷地をもつ都内最大級のガーデンセンターです。年間約10万種類の植物を取り扱い、「植物のテーマパーク」「買える植物園」「植物の聖地」として親しまれています。創業65年目となる現在も、日々多くのお客様が来場し、植物の輝きとともにたくさんの笑顔があふれる場所となっています。その光景を見るにつけ、「日本に園芸文化を根付かせたい」という思いをもち、数十年間走り続けてきたことが間違いではなかったと実感しています。

私がそう考えるようになったきっかけは、オランダで見た人々の暮らしにあります。１９９２年、当時オザキフラワーパークの社長だった父からオランダに行くチャンスをもらい、もともと海外で学びたい意欲があった私はオランダに渡りました。そこから6年間、園芸関係の仕事を通じて文化の違いを学び、園芸の知見を蓄積しました。世界トップクラスの花の消費大国であるオランダの街では、驚いたことに100メートルおきに花屋があり、道路標識にも花屋の案内があるほど、花屋が生活に必要不可欠な「街のインフラ」として認められていました。人々は当たり前に花を買い、花が日常の一部となっていたのです。

父のあとを継ぐべく帰国した私は、オランダで感じた植物と人の密接なつながりを日本でも根付かせ人を幸せにしたいと考え、まず自分の店の改革を始めました。園芸に限らず、経営に関する書籍を読みあさり、店に置く商品や店のつくり方、見せ方などを模索しながら、試行錯誤を繰り返しました。しかし「これは」という決定的なアイデアもないまま数年が過ぎ、業績も悪化していきました。

店の売上が低迷していたなか、転換のヒントの一つとなったのが、2011年の東日本大震災です。仕入れた多くの花や植物が余剰在庫になり、店内に乱雑に並んだのを見たお客様の「面白い」という一言が私にひらめきをもたらしました。それをきっかけに私は、従来の園芸の常識を覆す店舗改革プランを立て、次々に実現してきました。

まずは店舗の見せ方です。オランダの人々は、整備された公園だけでなく、自然あふれる野山の花たちも楽しんでいました。見栄え良くきれいに植物を並べるのではなく、あえてジャングルのように多種多様な植物があふれた店内にしたら、よりお客様に楽しんでもらえるに違いない。そう考えた私はさっそく実行に移し、店内のテーマパーク化に取り組みました。

加えて、商品展開についてもほかの園芸店との差別化を図っていきました。人気商品は店内の2割にとどめてそれ以外の商品で店内の8割を埋め尽くし、通常の園芸店とは逆の品ぞろえにしています。花の種類を増やすことで、「オザキフラワーパークになければほかのお店に行っても置いていない」と言ってもらえるような店づくりを意識したのです。

さらに、これらの魅力を余すことなくお客様に伝えられるよう、社員に「植物の専門家」としての徹底した教育・研修を行っています。社員は「植物のテーマパーク」のガイド役になってお客様にいろいろな情報を提供し、花を楽しむお手伝いをしています。園芸店を単なるショップでなく、見て、触れて、匂いを嗅いで、五感で体験できるテーマパークとして楽しめる空間にグレードアップさせています。

最初は不安もありましたが、結果的に10年前と比べてメインの植物部門の売上は約3倍、観葉多肉植物部門は実に10倍になっています。園芸文化をさらに広めることで、よりお客様に喜んでもらえると確信しています。

「日本に園芸文化を根付かせたい」「園芸店を街のインフラにしたい」という思いを実現するために、私は常に挑戦を続けています。本書ではこれまでに私が、どんな挑戦を、どういう気持ちで行ってきたかをつづっていきたいと思います。園芸関係者にとって未来の経営と店舗づくりのヒントになるような、また植物を愛する多くの人と植物への思いを共有できる本になれば幸いです。

目次

序章

農家に生まれた私にとって自然や植物は身近にあって当たり前のものだった

第1章

ライフスタイルの変化に対応できず低迷する日本の園芸業界……
園芸の最先端・ヨーロッパで実感した「植物は生活の一部」

第2章

まるでジャングルに迷い込んだよう――

園芸店を「ただ買える場所」から「未知の感動体験ができる場所」へ

第3章

「うちの店になければもう手に入る場所はない」豊富なバリエーションで植物ファンを魅了する

第4章

顧客のライフスタイルに合った新たなガーデニングライフを提案する

花や緑のある生活をもっと身近に――

第5章

園芸店を家、職場に次ぐ「第3の居場所」に――
人が自然と共存する幸せな未来を目指して

序章

農家に生まれた私にとって
自然や植物は
身近にあって当たり前のものだった

「植物のテーマパーク」と呼ばれる園芸店

東京都に約３０００坪の敷地をもつ、都内最大級のガーデンセンター「オザキフラワーパーク」は、「植物のテーマパーク」「買える植物園」「植物の聖地」と呼ばれ、多くの人に親しまれています。年間約10万種類の植物を取り扱い、「ここにない植物はない」といわれるほど、多彩な品ぞろえが大きな特徴です。

西武新宿線・武蔵関駅で降り、10分ほど歩くと、突如として現れるのが「植物の森」のような場所です。入口ゲートをくぐって中に入ると､目の前には屋外園芸売り場が広がり、花苗、鉢花、野菜苗、ハーブ苗、球根、宿根草、山野草、バラ、植木、果樹苗、盆栽などがところ狭しと並んで、訪れた人たちを迎えてくれます。どの植物も太陽の光をたっぷり浴び、吹き抜ける風にかすかに揺れながら、いきいきと花を咲かせ、緑の葉を生い茂らせます。屋外園芸売り場の隣には、地産地消をテーマとしたカフェがあり、広い敷地のパーク内を歩き回って疲れたところで一息つくには格好の場所です。

店内に入ってまず目につくのが生花専門店「ラフレシア」です。２階は､屋内向け植物、インドアグリーンで覆われて、まるでジャングルに迷い込んだかのように錯覚するほどです。背丈が3メートル以上もある多くの植物に囲まれて、そこが東京都内であることも忘れてしまいます。

そのスペースを抜けると、植物とも相性の良い観賞魚や水草などのアクア&ペット用品コーナーが待っています。さらに雑貨や書籍などのコーナーもあり、「テーマパーク」のようにさまざまな楽しみ方ができるのです。

多くの植物好きの人たちに愛されている私たちの店舗は、ほかの園芸店とは一線を画しています。最も大きな違いは、整然と植物が並ぶほかの園芸店と違い、雑然としていながら訪れるたびに新しい発見がある「ジャングルのような店」となっていることです。これが植物好きだけでなく、若い人たちの注目を集める要素の一つです。

しかし今では人気の園芸店となったこの店も、以前からそうだったわけではありません。私が父からあとを継ぎ、社長に就任した2007年当時の会社は業績が悪くなる一方で、「このままでは続けられない」と思ったこともあるほどでした。

原点は父が始めた「尾崎園芸」

父が1961年に立ち上げた植物生産専門の尾崎園芸が、私たちの店舗の始まりでした。

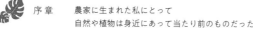

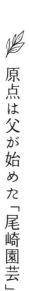

そのあとには植物の小売業も担うようになり、順調に店舗は拡大を続け、１９８４年には株式会社オザキフラワーパークに改称し、90年代は売り場面積も加速度的に増えていきました。

園芸業界は１９７０年代から順調に成長を続け、90年代には園芸やガーデニングがブームになります。当時、強い影響力をもっていたテレビや雑誌の力もあり、多くの家庭で観葉植物を育てる姿が見られました。

父は「園芸業界がさらに成長するだろう」という予測のもとに、１９９６年にスーパーマーケットを1階のテナントに迎えて、近代的な店舗に大改装を行っています。オープン時は大変なにぎわいで、周囲が大渋滞になるほどの盛況でした。

また父は仕入れや品ぞろえには強いこだわりがあり、たくさんの植物を取り扱っていて、固定のファンがつくようになりました。

しかし、ブームは嵐のように過ぎ去り、１９９８年をピークに園芸業界は下降線をたどっています。オープンから2年間は順調に成長しましたが、ピークとなった１９９８年以降、会社の業績にも陰りが見えるようになりました。本来ならブームが終われば品ぞろえに代わる新たな仕掛けが必要になるはずです。しかし明確な手立てが見つからないまま「他の店舗よりも種類は多いけれど、同じようなものを売っている」という状態が続き、客数はみるみる減っていきました。

私が入社したのもまた1998年です。活況を取り戻そうとさまざまな仕掛けを試みましたが、多くは失敗に終わっています。そして、社長になった2007年、さらにそこから数年間も、状況を打開する明確な一手を打ち出すことはできず、苦しい状況が続くことになりました。

練馬で長年続いた農家だった尾崎家

私が生まれた尾崎家は、東京・練馬の地で十数代続く農家の家系でした。祖父の代まで米や練馬大根をはじめとする地域野菜を生産する農家をしながら、芝生の生産・出荷の仕事もしていたのです。当時は今よりもさらに広大な土地を練馬にもっていたのですが、宅地化が進み、税金対策の意味もあって、土地を分家や自治体に譲渡しました。

父は尾崎家の長男としてこの場所で生まれ育ち、私が生まれる前の1961年に120坪の温室で鉢花の生産を専業とする尾崎園芸を立ち上げました。花を育てることが大好きだった父は学生の頃から生産者になることを志し、専門の農芸高校に通い、卒業後はさらに専門的な生産を学べる学校へ行き、準備を進めていました。そして、この土地に温室を建てて、生産者としての商いをスタートしました。

母は埼玉の米農家の生まれながら、商売がとても好きな人でした。顧客とのやり取りが性分として好きなようで、「育てるだけでなく売るほうもやりたい」と、1975年には花の小売業も始めました。

父と母は客観的に見ても、正反対の性格です。静かに花を愛《め》で、育て、研究することが好きな父と、人と接して、商売をするのが好きな母という2人のDNAを私は受け継ぎ、それが現在の会社の経営にそのまま活かされていると感じています。

父が園芸店を始めて8年後に生まれた私は、父と同じく尾崎家の長男であり、子どもの頃から家業を継ぐのは私という感覚がありました。ただ、父や母からは「継いでほしい」と言われたことは一度もありません。それでも私が家業を継ぐものだと思ったのは、自然を好きになる環境に恵まれていたことが大きいのだと思います。

私の生家は東京・練馬という都内にありながら、約3000坪のとても広い敷地でした。当時を振り返ってみて何よりも贅沢《ぜいたく》だったと思うのは、その広い敷地には豊かな自然が広がっていたことです。たくさんの果樹や宿根草が植えられ、季節ごとにさまざまな花が咲き乱れていました。芝桜、サツキ、ツツジ、梅など、数えきれないほどの種類の花木が当たり前にあったのです。

習い事もさせてもらったなかでも、カブスカウト（ボーイスカウト）の体験が印象的で、そこでもまた自然とのふれあいがありました。そのときの教えで今もなお強く残っているのは「備えよ常に」という言葉です。ほかにもさまざまな教えがありましたが、なぜか覚えているものはこの言葉しかなく、ふとしたときにいつも思い出します。

このような豊かな自然のなかで私の精神と肉体は培われていきました。この頃の体験は今も私の土台にどっかりと根付いていて、今も私たちの店舗であの頃の喜びや感動を再現したいと考えて店づくりをしているところがあります。

「置けば売れる時代」に急成長

尾崎園芸は私の成長と歩調を合わせるように、順調に成長していきます。１９７８年に園芸用品スペースを60坪に拡大、80年には温室を２００坪に改築し、さらに植物の屋外売り場を４００坪増設しています。

当時は日本の園芸業界全体が成長を続け、日本全体が好景気だったこともあり、「商品さえあれば売れる」という時代でした。そのためどこの園芸店でも「仕入れ勝負」でした。園芸業界で最も偉かったのは生産者であり、次に市場関係者です。うちのような小売店は卸問屋などに「（私たちに）買わせてください」と頭を下げる状態であり、市場の人は常に威張り、顔見知りにならないと思うように買えないという時代が長く続きました。

市場から商品を売ってもらうためには、その都度朝早くからがんばって市場に顔を出す必要があります。仕入れれば仕入れるだけ売れるのだから、簡単にいえば体力勝負の世界です。真面目な父は市場に行き、競りに参加してはたくさん仕入れてきました。同時に、市場関係者との関係づくりにも努めていました。シーズンなどで商品が売れない時期というものがあり、その時期に売れないと分かっていても市場から買っておくと、関係性が出来上がり、優先的に売ってもらえるようになります。そういうことを父は地道に続けた結果、お店はどんどん大きくなっていきました。

また、尾崎園芸はほかの園芸店にはない強みをもっていたことも、成長した理由の一つです。その強みとは東京23区内に所有する自社の広大な敷地です。都内でこんなにも広い敷地をもつ園芸店はほかになく、唯一無二の園芸店であり、それだけでほかと明確に差別化することができました。

植物は縦置きができないため、並べて売るしかありません。場所を取る、とても非効率な商品なのです。その点、尾崎園芸は広大な敷地があるため、たくさんの商品を一度に並べることができます。当時は「置くだけで売れる時代」ですから、それがそのまま業界における優位性となっていました。

その優位性におごることなく、父は経営の勉強もよくしていました。海外の園芸店の視察にも積極的に行き、帰ってくると私たち兄弟に「海外の園芸店は日本と違ってこんなことがあるんだ」と目を輝かせて教えてくれました。それを聞いた私たちの目もまた同様に輝いていたと思います。見たことのない世界の話はとても面白く、私は園芸業界に興味をもつようになっていきました。

1984年に尾崎園芸は株式会社オザキフラワーパークへと資本強化し、1987年に旧店舗を解体、売り場面積900坪の新店舗が開店しました。しかし株式会社に変わったといっても、働いている社員は変わらず、高校生の私に園芸やレジ打ちなどを教えてくれた人たちです。高校生であろうが顧客は1人のプロのスタッフとして質問をしてくるので、私は勉強をし、それでも分からないことは社員の人に聞いて、園芸に関する知識は確実についていきました。

チェーンストア理論を学ぶためにホームセンターへ就職

私が本格的に家業を継ぐことを意識したのは大学3年生の頃でした。その理由は、父が腎不全になり、透析に通わなければならなくなったことです。それを見て、「何か父にあったら自分がなんとかするしかない。そのときはもしかしたら予想よりも早く来るかもしれない」と自覚しました。

早く園芸業界のことを本格的に学ばなければいけないと思い、「園芸店に近い業界は何か」と考えたときにホームセンターが思い浮かびました。当時、ホームセンター業界もまた園芸業界同様に右肩上がりに成長を続けており、園芸関連の販売も行っていました。そこで学ぶのがいちばん早いだろうと考えた私は、１９９１年に大学を卒業後、大手ホームセンターに入社しました。

ホームセンターで学びたかったものの一つには「チェーンストア理論」がありました。海外では園芸店もチェーンストアで数を増やしていく戦略をとっているところがありましたが、当時の日本にはまだなかったので、それを率先して取り入れることでオザキフラワーパークはさらに成長できると考えたからです。いずれ自分が継いだら会社を成長させたいという気持ちは強くもっていました。そのときに備えて、成長中の会社で、チェーンストア理論を学ぶことが、それに最も効率的に結びつくと考えたのです。

チェーンストア理論ではまず「数字をしっかり見る」ことを学びました。仕入れ額があり、経費があり、そのなかでいかに利益を出すかということを徹底して教育されました。毎日、売上や販売数などの数字を発表する機会があり、社員は必ずそれを把握していることが求められていたのです。数字を把握しなければ、最適な手立てを考えることはできないので、常に数字を把握しながら商売をすることが大切だと植え付けられました。

ホームセンターに就職が決まると、内定の段階で配属先を選ぶことができたので園芸部門の希望を出しました。まずは園芸売り場で働くことになり、上司や先輩からの指示のもと、商品の仕入れからパートの管理、売り場づくりなど小売業の基本からスタートです。

私は園芸に関する基礎的な知識はありましたが、ホームセンターの園芸店で求められる能力はまったく違うものでした。それは「売る力」です。商品知識があるから売れるというものではなく、販売技術や、いかに売れる売り場をつくるかという能力が求められます。

そこで私は新たな領域で活躍するために、徹底して勉強をしました。学生時代はほとんど勉強をせずに遊びほうけていた私ですが、就職したら仕事一筋で猛烈に働こうと決めていました。それはやはりオザキフラワーパークを継ぐ自覚と、自分がさらに会社を成長させるという強い志を抱いていたからです。

毎日夜遅くまで仕事をしながら空き時間を全て勉強に費やす日々でしたが、つらいという気持ちはありませんでした。もともと私は1人で何かに黙々とのめり込んでやることが好きなタイプなので、勉強して知識がついてくることを楽しいと思っていたのです。そして猛勉強のかいがあって、販売士の資格は無事に取得することができました。

また、売れる売り場をつくるために、掃除や整理・整頓が大切だということも学びました。そういった小売業に関する基礎的なことは、ホームセンター時代に全て身につけることができたように思います。

1年半で退職しオランダへ

ホームセンターでは、そもそもの目的であったチェーンストア理論も学ぶことができました。ただ、結論からいえば、オザキフラワーパークの場合はチェーン展開で複数店舗を出店するよりも、1店舗を大切に育てるほうが合っていると感じました。

チェーンストア理論の重要な要素に「価格で他店に優位性をつけて、多店舗展開する」という点があります。実際、そのホームセンターは価格に対して強い意識をもち、他店に価格調査に行くなど、売価設定に多くの時間と労力を割いていました。

これをオザキフラワーパークが実施した場合、「大手との価格競争に巻き込まれる」ことになります。価格競争で強いところは、当然ながら資本力の強い大手企業です。大手よりも価格を下げようとすれば、利益率は圧迫され、経営が逼迫《ひっぱく》することは目に見えています。

これが分かったのはチェーンストア理論を学んだからこそです。私はチェーンストア理論を「逆の教科書」としてとらえ、オザキフラワーパークは価格ではなく「付加価値」で勝負することをこの頃から強く意識するようになりました。完全な逆張りです。

小売店はシンプルに見れば、価格で優位性をつけるか、付加価値で顧客に選ばれるかの2つの道しかありません。そのなかで顧客にとって何よりも分かりやすいのは価格であり、「いちばん安い」店には多くの顧客が飛びつきます。そこで集客ができないのであれば、他の店はいちばん安い店にはない付加価値をつけて、差別化をして「あの店にはこれがあるから行ってみよう」と思ってもらうしかありません。

付加価値をつけることは、いかに尖《とが》った店舗をつくれるかと同義です。そこを意識せずに中途半端な店づくりをしていたら、資本力のあるホームセンターには絶対に勝てないと、働いているなかで痛感し、危機感を覚えました。資本力があるところは人材育成の仕組みが整っていて、バイイング・パワーも強力です。そこに対してどうしたら勝てるかを考えるようになりました。

私はホームセンターでさまざまなことを学び、人生で最も勉強し、とことん働きました。そして、1年半後に退職をします。それは仕事が嫌になったからではありません。

オザキフラワーパークの仕事の関係で、オランダへと渡るチャンスが訪れたからです。店舗を大改装する計画が浮かび、それに伴い新店舗で販売する輸入資材を仕入れる可能性があり、その調査を私が現地でするという話が出たのです。

私はこのチャンスを絶対につかみたいと思い、すぐに退職し、オランダへと渡りました。この経験が現在の私の会社を飛躍的に成長させる「魅せる園芸」「ビジュアルマーチャンダイジング（VMD）」を確立するための第一歩になりました。

第1章

ライフスタイルの変化に対応できず
低迷する日本の園芸業界……
園芸の最先端・ヨーロッパで実感した
「植物は生活の一部」

100メートルおきにある花屋に驚く

私がホームセンターを退職し、1992年にオランダへと渡った理由は、ガーデニングの本場であるヨーロッパの状況を直接見て、文化に触れてみたいという思いが強かったからです。外の国から日本の園芸文化を客観的に見ることで新たな気づきがあるのではないかとも考えていました。

その頃にオザキフラワーパークの取引先である株式会社サカタのタネが私を研修生として受け入れてくれることになり、就労ビザを取り、すぐにオランダへと渡りました。研修生として週に2日ほどサカタのタネの農場で野菜づくりなどを学びながら、ほかの日はオザキフラワーパークが仕入れることになるかもしれない輸入雑貨を探すためにOzaki Flower Park Europe B.V.という会社を設立し、そこでの活動を行うことにしました。

私がオランダに渡って最初に驚いたことは花屋の異常なほどの多さでした。100メートルおきぐらいに、路上店舗だけでなくキッチンカーのような花屋もあり、それぞれに個性がありました。

ヨーロッパは日本と比べて一人あたりのガーデニング関連の消費額が5倍高いといわれ

ています。また、ガーデニングをしている人の割合も日本が多くて２割といわれているのに対し、ヨーロッパは６割です。花を買うことは日常であり、家に花を飾るという習慣が根付いているのです。そのため、自宅用に買うことや、誰かの家に遊びに行くときに花を持って行くと、とても喜ばれます。それほどに花が家庭の中に飾ってあることは当たり前のことでした。

男性が花を買って、街中を歩く光景も日常的にあります。バレンタインデーはチョコレートではなく花を、男女がお互いにプレゼントします。クリスマスには街中が色とりどりの花であふれかえります。

家の窓辺には鉢花やグリーンが飾ってあり、庭も人に見られていいように常にきれいにしてあります。ヨーロッパでは、庭がちょっとでも乱れていると、近隣住民から「きれいにしたほうがいいよ」と言われます。日本ではちょっと考えられないことです。

ちなみにヨーロッパでは葉物もとても大切にします。葉物を主体としたなかに花を入れるのです。花はすぐに枯れてしまいますが、葉の緑は長期間にわたり楽しむことができるからです。彼らは贅沢な暮らしはしていませんが、低予算で植物を楽しむということが本当に根付いているのだと感じました。

オランダにはガーデンセンターが日本のホームセンターと同じぐらいあることも驚きでした。日本の園芸は当時、ホームセンターが中心になっていましたが、ヨーロッパには国際ガーデンセンター協会があり、国中にたくさんのガーデンセンターがありました。

当時、日本のホームセンターで花や植物を買う割合は全体売上の5~6%程度でした。一方でヨーロッパではガーデンセンターが50%以上を占めていました。それほどに花や植物はガーデンセンターで買うことが当たり前だったのです。

オランダには「Intratuin」というチェーン展開している大規模なガーデンセンターがあり、また、個々で展開する個性的な素晴らしい園芸店が国中にあふれ、ガーデンセンターが競い合うコンテストも開催されていました。

私が何よりも驚いたのは、オランダの小さな街を訪れたときに交通標識にガーデンセンターの名前があったことです。それを見たときに、それほどに街のインフラになっているのかと感銘を受けました。もはや彼らにとってガーデンセンターへ行くことは日常の一部であり、日々の生活で喜びや感動を得られる場所なのだと感じ、とてもうれしくなりました。人生の豊かさというものは、こういうところにあるのではないのかと思ったものです。

盛り上がっていた日本園芸業界

その頃、日本の園芸業界も大きな盛り上がりを見せていました。起爆剤となったのは、1990年4月1日から9月30日までの期間で開催された、博覧会として最大規模のＡ１クラスである「国際花と緑の博覧会」でした。連日にわたり、テレビや雑誌など多くのメディアで取り上げられ、世の中に大きなインパクトをもたらしたのです。

この頃はいわゆるバブルの最終期であり、ここから国内経済は下降をたどるわけですが、この博覧会をきっかけにして園芸業界・ガーデニング業界は経済と反発するようにさらに跳ね上がっていきました。

そのときに起こったのがガーデニングブームです。多くの人が自宅で花や観葉植物を育て、楽しむようになりました。その流れに合わせるように、サントリーはペチュニアの一種であるサフィニアという花を新たに開発します。これは手間をかけなくても元気に育つ種類ということで、それまで植物に興味のなかった人たちもこぞってサフィニアを買うようになったのです。

同時に、雑誌で特集を組まれた影響か、「イングリッシュガーデン」が流行《はや》りました。

庭をきれいに整えて見せる園芸であり、オープンガーデンへと広がりを見せました。この流れは全国へと広がり、行政も加わり、北海道恵庭市などで盛んに行われるようになりました。さまざまな家庭の庭をイングリッシュガーデンとして見せることで、観光の一環となり、まちおこしにもなるからです。

その異様とも思えるブームは続き、1997年には「ガーデニング」という言葉が新語・流行語10選にも選ばれたほどでした。しかし、このことは今振り返ってみれば、分かりやすくブームがピークを迎えたことを示していたと思います。

1998年から現在まで続く低迷の時代

ブームというものはいつかは終わるものです。終焉《しゅうえん》のきっかけが具体的に何であったかといえば、そういったものはなく、自然と熱が冷めていったというのが正しいのでしょう。流行語に選ばれた翌年の1998年以降、明確に植物が売れなくなっていきました。特に売れなくなったものは贈答品です。それまではお歳暮やお中元で花を贈るという文化が日本に根付き、園芸店にとって大きな売上を占めるものになっていましたが、バブル崩壊以降の経済縮小の流れもあり、この文化が消えていきました。

ガーデニングは春、夏、秋、冬と、それぞれの季節の花や植物を楽しむシーズンがありますが、98年以降は、もともと春に比べて需要の少ない夏の需要は大きく減少し、秋も減り、そして大きなマーケットであった冬の需要も下がりました。つまり、春以外は利益が出しづらいことになります。

当時、ガーデニングの世界では「三大花」と呼ばれるものがありました。1つはポインセチアで、クリスマスになると商店街や銀行など、各所で華やかに飾られ、街に彩りを与えていました。ところが、ここも98年以降に経費削減の流れから余分な演出として最初にカットされ、街からはポインセチアが消えていきました。

園芸店やガーデンセンターにとって大きな売上の柱だったクリスマス需要にさらに追い打ちをかけたのは、日本へのハロウィン文化の進出です。ハロウィンによりクリスマスの演出期間が短くなり、クリスマスの演出をやらないところも増えてしまいました。これは業界にとって大変な痛手でした。

三大花の残り2つはシンビジウムとシクラメンです。これはどちらもサイズの大きい鉢花植物で、大きなものは1メートルを超えるものもあるほどです。これらも98年以降は売れなくなりました。

その理由は、住宅やライフスタイルの変化にあります。住宅が小型化していき、家の中に大きなものを置く余裕がなくなってきたことにより、家でシンビジウムとシクラメンを育てて楽しむ人たちが減少していきました。また、この2つの花は見た目が派手なこともあり、贈答用やお歳暮で購入されることも多かったのですが、大きな花は避けられるようになってしまいました。

大きなシンビジウムやシクラメンは、高価なものは3万円ほどするものもあります。そのような高額品から売れなくなっていきました。そのような素晴らしい花を育てることを仕事にしている職人は当時たくさんいましたが、需要の減少に伴い廃業する人が増え、今では一握りの職人しか育てない花になってしまいました。

その後も園芸業界の業績は下がり続けました。2011年以降から一部の会社だけが上がっているような状態で、多くの園芸店やガーデンセンターがなくなり、経営を続けているところも苦しい状況が続いていました。

近年はコロナをきっかけにして再び家庭で楽しめるガーデニングに注目が集まり、業界全体で少し上向いた傾向にあります。この流れを一時的なブームではなく、どのように文化として根付かせるかは、園芸業界にとって課題だと感じています。

根強いヨーロッパの園芸業界

一方で、ヨーロッパ、アメリカ、カナダ、ニュージーランド、オーストラリア、そして西欧文化の流れをくむ南アフリカはガーデニング文化がしっかりと根付き、多くの人たちにとってライフスタイルの一部になっています。

それを象徴するものとして、ヨーロッパで創設され、60年以上の歴史をもつ「ＩＧＣＡ（国際ガーデンセンター協会）」があります。現在は日本を含む19カ国が所属しており、そのうち17カ国は西欧諸国が占めています。この数字がいかに西欧文化とガーデニングが密接に結びついているかを示しています。

ＩＧＣＡは1年に一度会合を開き、主催国が各国のメンバーを招待し、約１週間のツアーを組み、その国のガーデニング文化を紹介します。そこでは学び合う場が設けられ、ガーデニング文化の現状や、国際的な流れとなっているサステナビリティへの対応などが共有されます。私も何度も会合に参加していますが、ヨーロッパの洗練されたガーデニング文化にはいつも驚かされます。

また、イギリスの王立園芸協会（Royal Horticultural Society、略称ＲＨＳ）も大きな役目を果たしています。1年に一度開催し、1万人以上が参加する「チェルシーフラワーショー」を開催するなど、ガーデニングを盛り上げようとする取り組みを行っています。このイベントは人気があり、予約制なのですが、なかなかチケットを取ることができず、世界中のガーデニングファンが注目しています。ガーデニングの本場であるイギリスのRHSがリーダーとして、業界を引っ張ってくれていると私は感じています。

日本の園芸文化は衰退し、ヨーロッパではガーデニング文化が根付いた

ヨーロッパの多くの人たちが休みの日はどのように過ごすかといえば、ガーデニングをします。ヨーロッパの人たちは家庭での時間をとても大切にしています。庭で過ごす時間や、家の中で過ごす時間を重視しており、子どもたちと一緒に庭をつくることもあります。そこで子どもは自然について学び、ガーデニング文化も受け継がれるという流れが出来上がっているのです。彼らには庭が第2の部屋のような感覚があるのだと思います。

このようにヨーロッパではガーデニングの文化が根付いていますが、実は江戸時代の日本はヨーロッパよりも園芸文化が盛んだったといわれています。その代表が盆栽であり、

番付をつくって批評をするような楽しみ方をこのときからしていました。さまざまな園芸文化は江戸時代に育ったといわれるぐらい、日本の園芸文化は盛り上がっていたのです。しかし、文明開化とともに、なぜかその流れは衰退していってしまいました。一方で、ヨーロッパはガーデニングが盛り上がっていったのです。

その背景にあるのはイギリスで産業革命が起きたからだといわれています。空気汚染などの公害が凄まじく、街中に住んでいる人たちはそれから逃れようと郊外に移り住み、そこで緑の大切さを実感し、ガーデニングが盛んになったというわけです。

おそらく、同様にフランスやオランダも同じ状況になり、ヨーロッパ全体でガーデニングがブームを迎え、流行し、根付いていったのだと思います。そして現在は、彼らにとってガーデニングは当たり前にあるものになっています。

花屋の計画は偶然から生まれた

私がオランダへ渡った当時、首都アムステルダムには約５０００人の日本人が住んでいました。バブルの頃に日本企業が進出し、日本人コミュニティが出来上がっていたため、私は一緒にオランダへ渡った妻とともに参加することにしました。

妻は日中家に1人なので、日本人の友達をつくろうとコミュニティ内で行われていたフラワーアレンジメント教室に通い始めました。私はその後、オランダで花屋を開業するのですが、これが大きなきっかけになっています。この教室はフラワーアレンジメントの国家資格を取得できるもので、オランダ人が講師を務めていました。それを聞いて面白そうだと思った私も参加することにしたのです。

元来、凝り性の私は妻よりもフラワーアレンジメントに夢中になってしまい、2年間で国家資格を取得するまでになりました。私は知らなかったのですが、この資格がなければオランダでは花屋を開業することはできません。日本で花屋を開業するために花の資格はいりませんが、ガーデニングの本場オランダではマイスター制度と呼ばれる制度がきちんと定められていたのです。

そしてもう1つ、花屋の開業に必要な資格があります。それは大学の経済学科を卒業していることです。経済を学び、花の技術をもった人だけが、花屋を開業できるというわけです。私は幸運なことに経済学科卒業でした。

この2つが偶然にそろったときに「オランダで花屋を開こう」と思いました。最初から花屋を開こうと思っていたわけではなく、流れのなかの偶然です。オランダへ渡る際に輸入雑貨を業務とする現地法人は立ち上げていたものの、それだけではまだ収益をあげられていなかったので、花屋をやってみようと思ったのです。

花屋の開店準備を進めながら、その間に自分でフラワーアレンジメント教室を講師として開催して、開店資金を集めることにしました。日本人の既婚女性を中心にたくさんの人が集まってくれて、そののちに花屋をオープンすると、教室の生徒をはじめ日本人コミュニティの多くの人が顧客となってくれました。

日本人コミュニティで人とのつながりやいろいろな縁を結べたことで、花屋をオープンすることができたのです。このときに人とのつながりの重要性を実感しました。自分１人では決してオープンできなかったことは間違いありません。そして、この花屋の経験が、その後の私の会社の躍進へと明確につながっていくことになります。

花屋オープンへ向けて

オランダへ渡ってから3年目となる１９９４年に、私はアムステルダムで店舗型の花屋をオープンしました。当時、アムステルダムには日本人の花屋はなく、周囲からは「ヨーロッパで初めて」と言われたほどでした。

立ち上げにあたってはサカタのタネや、日本人コミュニティの各企業の人たちから多くの援助をしてもらえました。まずは不動産関係者を紹介してもらい、物件探しから始めます。15坪ぐらいの小さな物件を探していたのですが見つからず、最終的に約30坪の物件に決めました。これがそののちに家賃の負担を生み、広いスペースをどのように活用するかと悩みの種になるのですが、とにかく店舗は決まりました。改装も知り合いの日系企業に頼み、これで店舗は無事に完成です。

花の仕入れに関しては、市場の基礎知識や権利取得の流れについて、オランダの人々に教わり、無事に権利を取得することができました。そのときに知ったのは、市場の意味が日本とオランダで異なることです。

日本にはマーケットの大小にかかわらず、１００以上の植物関連の市場があります。一方でオランダはヨーロッパや世界を相手にしながら、巨大な商圏に2つの市場しかありませんでした。そのため、大手園芸チェーンや仲卸業、輸入業者などだけが市場で購入することができて、私たちのような個人店は市場から卸された卸業者から購入するという流れになっていました。私は市場ではなく卸業者から購入することになり、そこでは植物や花だけでなく、雑貨や資材なども全てそろえることができました。

売れない1年間のなかで思い出した父の言葉

私たちの花屋は、私と妻と、紹介してもらったオランダ人の３人体制でスタートです。当初は日本人が約５０００人いるし、日系企業もあるから、経営は大丈夫だろうと気軽に考えていました。

しかし、１００メートルおきに花屋があるほどの激戦区です。ほかとの差別化を図ろうと、日本から盆栽や鉢を輸入して置いたり、ほかのお店では扱っていない花を選んで販売したりするなどの尖った戦略をとることにしました。

オープン当初は、日本人の顧客が来てくれたおかげで家賃分ぐらいの売上は上げることができました。ただ同時に、現地オランダ人の顧客をつかむのは簡単なことではないと気づきます。年配の人たちは戦争の影響が残っていて、外国人がお店を開くということに対してネガティブな印象をもっている人もいました。

オランダ人の多くは英語をしゃべることができるので、私も英語で話しかけていましたが、それでは明らかに現地になじもうとしない外国人の店という印象が強いと思ったので、オランダ語も勉強し、極力コミュニケーションを取るように心がけました。

ただ、そんなことをしても売上は家賃分をまかなえる程度でまったく上がらず、苦しい状態が1年ほど続きました。差別化もして個性を出しているのに、なぜ売れないのだろうと悩むなかで、そのときに思い出したのが父の言葉でした。

父は常に「お客様第一だから、お客様に合わせてお店を常に常に変えていかなければいけない。時代が変わるとともに商品は入れ替わっていくのだから、お客様の声を聞いて、お客様目線で売り場づくりをしないといけない」と言っていました。

その言葉を思い出したときに、改めて私の店を客観的に見ると、独りよがりの店をつくっていたことに気づきました。差別化や日本の盆栽は消費者に求められたことではなく、私が自分の頭の中だけで考えて始めたことだったのです。

「どこの国だろうが、どんな環境になろうが、常にそこにはマーケットがあって消費者がいるのだから、そこのお客様を見ながら、声を聞きながらやることが大切だ」

父からいつも口酸っぱく言われていたことを思い出しました。それから私は店舗を刷新しました。ニッチを狙った差別化はやめて、消費者が欲しいと思っている商品を店に並べて売るようにしたのです。ここから流れが大きく変わりました。

「デザインで売る」オランダの花屋

現地の需要に合わせるようになってから、私の店でも少しずつ花が売れるようになりました。流れが見えてきたところでさらに加速しようと、「デザインで売る」ということに意識的に取り組みます。私は日本ではホームセンターで働き、「売れる売り場をつくる」ということを学んでいたので、他店の売り場に興味があり、観察をしていました。

その観察を通して、オランダの花屋やガーデンセンターはビジュアルをとても重視していることに気づきました。日本の園芸店は商品を大量に並べて売ることが多いのですが、オランダの店は直観的なディスプレイをとても大切にしていて、見た目で人目を引いて、お店の中に入ってもらって購入に結びつけるという流れをつくっていたのです。

そのときに私の店舗で働いていたオランダ人スタッフはフラワーアレンジメントコンテストで7位に入るぐらいデザインに優れている人だったので、一緒に他店の観察に行き、それをヒントに自分たちの店をつくりこんでいきました。

このときの経験が現在の私たちの店舗にとても活かされています。私たちが現在重視している、ビジュアルで売る「ＶＭＤ（ビジュアルマーチャンダイジング）」の手法は、このときの経験をもとに確立したものです。この経験がなければ、私は父の代から続く品ぞろえを強化していく方向だけに振り切っていて、業績を向上させることはできなかったと思います。

店舗にデザインを取り入れたことで、さらに客数は増えていきました。このことをきっかけに、思いついたことをトライアルアンドエラーでとにかくやってみることにしました。例えば、オランダの企業オフィスは花を飾るのが当たり前で、定期契約をして届けるという仕組みがあります。それを知った私は、積極的に営業をかけ、少しずつ契約を増やしていきました。

また、近隣の花屋は切り花がメインで鉢花を置いていないことに気づき、ここも利点になると思いました。私は鉢花に目が利くうえ、借りた店舗が広すぎてスペースの活用に困っていたので、置いて売るのにちょうどいいと考えたのです。この戦略も見事に当たりました。

感性豊かな20代での経験

花屋の経営は4年間続けました。家賃分の売上が出せなかった初期から、売上はじわじわと上がり、最後はある程度の収益を出せるところまでもっていくことができました。日本人の花屋は周りになく、海外での初めての挑戦、初めての経営なので、途中で潰れる可能性も十分にあったなかで大健闘だったと思います。

20代でこのような特殊な環境でありながら経営の一歩を踏み出すことができたことも私にとっては大きな経験でした。仕入れや販売だけでなく、人材採用、雇用、育成、さらに帳簿をつけ、決算を行い、会社を経営するということをある程度全て体験することができたのです。

家業の園芸店では社長の父がいて、就職したホームセンターでは上司がいて、全体の方向性の指示を受けるなかでの仕事でしたが、この4年間はまったく違いました。売れないという課題が立ちはだかり、どうしたら自分でクリアできるかを考え、トライアルアンドエラーを繰り返し、少しずつ業績を伸ばすことができました。「責任は全て自分にある」というなかで、考え、行動し、結果を出せたことはとても大きな自信になったことは確実です。

感受性の豊かな20代をオランダというガーデニングの本場で過ごせたことは、私にとってかけがえのない財産です。なんでも吸収してやろう、成長しようというバイタリティに満ちあふれていました。現在、50代の私はどうしてもこの頃と比べてバイタリティが薄れていることを実感しているので、20代の勢い、ある意味のバカさがあったからこそ、たくさんの経験をすることができました。チャンスをくれた両親に、心から感謝をしています。

帰国、そして入社

私は、研修期間の2年間と花屋経営の4年間の計6年間をオランダで過ごしたのち、1998年に帰国し、オザキフラワーパークに入社しました。当時29歳の私は後継ぎだからといって役員ではなく、一社員として入社しました。

帰国した理由は、父から「そろそろ戻ってきて事業承継に備えて会社の仕事をするように」と連絡があったからです。この頃はまさに園芸業界のピークであり、会社もとても忙しい状況で、早く息子に手伝わせて、次の代を育てなければいけないという思いがあったのだと思います。

オランダの花屋はできれば誰かに譲って、今後もオランダへ来るときの拠点にできればと思ったのですが、大きな利益が出ているわけでもなかったため、それは難しく、やむなく閉店することにしました。

ただ、私は日本に帰りオザキフラワーパークに入社することに対して、後ろ向きな気持ちはまったくなくポジティブでした。大学を卒業したときから仕事に打ち込み、いずれは会社を自分が継ぎ、大きく成長させてやるという志をもって行動を続けていたからです。

入社後、まずは環境に慣れることから始めました。私はすっかりオランダ人感覚になっていたので、最高潮に盛り上がっている日本の園芸業界に入り込み、周囲に溶け込みながら、自分のこれまでの経験をフルに活かして、自分の実力を周囲に示したいと考えていました。

まず父から与えられた課題は、「切り花部門を担当して業績を回復させること」でした。１９９６年にオザキフラワーパークは大改装を行い、１階に切り花専門店をオープンしていました。ただ、そこの売上が想定よりも上がらず、全体の足を引っ張る形になっていたのです。それを聞いて、私は燃えました。売れない店を売れる店に変える挑戦は、まさに私がオランダでもがきながら経験し、成し遂げてきたことです。力を発揮するのに最適な場所です。

結論から書くと、ここから国内の園芸業界全体、そして会社の園芸部門も下降していくことになりますが、一方で私が担当した切り花部門だけはＶ字回復をして、絶好調な状態へと突入します。

そもそも園芸業界が盛り上がっているなかで、なぜ切り花部門だけが低迷していたかといえば、「園芸部門を主体にやってきたオザキフラワーパークには切り花部門について詳しい人材がいなかったから」です。父も経験やノウハウがなく分からない、だからほかのスタッフに任せるという状態になっていました。そんな状態でうまくいくはずがありません。

オランダで切り花を売ってきた私からすると、抜け落ちている部分が山ほど見えました。改革する部分は無限にあると思ったほどです。1つずつ段階を追って順番にやっていけば、必然的に業績は伸びると確信していました。

徹底した掃除、整理 美しい環境づくり

私がまず改革に取り組んだことは、徹底した店内の掃除と整理です。お店に人を呼び込むためには何よりも環境が大切です。汚い店に入りたいと思う人はいません。私は園芸の本場オランダで美の世界を見てきて、ヨーロッパではいかに美を大切にするかをまざまざと見せられてきた経験があるので、その状況を許容することはできません。

初日から「まずは掃除、整理をしましょう」と声をかけ、机に貼ってあるセロハンテー

プや窓に貼ってある紙などは全てはがし、きれいに磨き上げていきました。スタッフには「商品はいじらなくていい。ウェルカムで迎え入れようとする姿勢を分かりやすく伝えることが大事」と、美しい店づくりの重要性を説いてまわりました。

それを徹底するだけで、数日後から売上はもう増えていきました。商品を変えるどころか、展示方法さえ変えていません。本当に掃除と整理をして店内を美しくしただけです。これは今もスタッフに口酸っぱく言い続けています。環境整備さえきちんとやれば、それだけで売上は10％や20％は上がるものなのです。

目に見えて売上が上がるようになるとスタッフにも環境整備の重要性が伝わり、言わずとも誰もが自然ときれいにするようになりました。こうなったら次のステップです。

ビジネスモデルに関してはそのままでいいと思っていました。当時から数本パックで切り花をリーズナブルに売っていて、とても良い方法だったからです。このモデルを磨いていけば、さらに売上が上がることも直感的に分かりました。

それからはパック売りを充実させようと、私が直接市場に行き、仕入れも担当するようになりました。以前は仕入れは外部に依頼しており、それは仕方のないところもありました。花屋の仕事は非常に重労働のため、人材が定着せずにやめてしまうことが多々あり、仕入れまで任せられるスタッフはなかなか育たなかったのです。
私が仕入れに直接行くと、外部へ払うコストがかからなくなり、利益率も当然改善しました。目利きはオランダで花屋の経営者として鍛え続けてきたので自信があります。日本とオランダでは切り花の種類が少し違いますが、それでもどれが売れるかを見極める感覚は共通しているので、私が仕入れたものはどんどん売れるようになりました。

さらに次のステップとして、サービスの幅を広げることに取り組みました。切り花を売るだけでなく、オランダで身につけたフラワーアレンジメントのサービスを提供しようと考えたのです。私はブーケを1人で簡単につくれるので、注文を受け付けるようにしました。

このようにして複合的に店舗の力をつけていくと、面白いように売上は跳ね上がっていきました。園芸店全体では下降を続けており、私がいる切り花部門だけは絶好調だったので、会議では他の部門に対して口出しをすることもありました。
今思えば調子に乗っていたと思います。ただ、私が絶好調だったのは切り花部門を担当した4年間というわずかな期間で、その後は長く暗いトンネルが待ち構えていることは知る由もありませんでした。

園芸部門や会社全体を見るように

私は入社から4年後の2002年に常務取締役に昇進しました。園芸業界全体と同様に、会社の低迷がじわじわと始まった時期です。父からは売上規模が小さい切り花部門をさらに上げるよりも、売上の大部分を占める園芸部門も含めて会社全体を見て、業績向上の策を考えるようにと指示を受けました。

今振り返れば、「業界全体の業績が下がり、ニーズが落ちていたから、自社も下がっていた」と客観的に判断できますが、当時はその情報がなく、なぜあれだけ好調だった状況から少しずつ売上が落ちていくのか、父も経営陣も、もちろん私も、誰も分かっていませんでした。正しく状況をつかめていない状況のなかで、とにかく売上を回復させようとしていたのです。

園芸部門と切り花部門は1つの園芸店の中にありながら、まったく違う世界です。園芸と切り花は交わることがないというぐらいに違います。切り花を販売する花屋は物日で動きます。物日とは、母の日や父の日、お彼岸、お盆、クリスマス、年末など、いわゆるイベントです。そのたびにプレゼントなどで需要が跳ね上がるところが特徴です。また、花は生鮮食品と同じぐらいに劣化が早く、あっという間に枯れてしまいます。とにかく仕入れから販売までのスピードが重視される世界でもあります。

一方で園芸はゆったりした世界です。物日の感覚はなく、日常使いとして購入されることが一般的です。園芸を趣味としている人にいかに購入されるかがポイントになります。花屋稼業から来た私は、スピードの違いに驚き、とまどいました。慣れない世界になかなかなじめず、切り花部門は何かをすればすぐに結果として跳ね返ってくるので面白く、なかなか切り花部門から離れられないでいました。

それを察知した父は私に厳しく言いました。「園芸を見ろ。うちの肝となる最大の強みは、仕入れ、品ぞろえだ。それでここまで伸びてきた。まずは肝の部分をしっかり見ろ」と言われ、父と一緒に市場に仕入れに行くようになりました。私はオランダで園芸用品も少し販売していましたが、私たちの店舗は個人の花屋とは違い、全ての花を扱う超巨大園芸店です。花苗、野菜、植木、山野草、ギフトなど、全てのジャンルを扱うため、勉強しなければならないことがたくさんありました。市場に入って現物を見ることが一番の勉強になるので、父について行き、覚えることから始めました。

何をやってもうまくいかない日々

私は切り花と園芸は違うといっても、切り花部門で簡単に成功したのだから園芸部門もすぐに業績を上げられるだろうと思っていました。ちなみに、この頃、園芸業界全体の関係者で業界が下降トレンドに入っていると気づいている人は少なかったと思います。私も当然、そんなことは露知らず、以前の好調な姿しかイメージにはありませんでした。

何か仕掛けが必要だと考えた私は、宣伝が足りないからホームページを作成して発信することから始めようと考えました。当時は今のように個人が簡単につくれるものではなく、多額のコストをかけてホームページを完成させました。でも、そこで何をやっても売上には結びつきません。

それならば次の手段と「サボテン特集」を組んで、大々的に販売することにしました。これは少しの効果はあったものの、またすぐに売上は元どおりになってしまいました。そもそも、サボテンの売上規模自体が少なく、メインの観葉植物の１００分の1程度です。そこに時間や労力をかけて仕掛けようという感覚自体が間違っていたと今ならば分かります。それでも当時は必死でした。

その後もいろいろな仕掛けをしましたが、何をやってもうまくいきませんでした。周りからは「常務はお金だけ使って売上をどんどん下げる」と陰口を言われるようになり、それが悔しくてたまりませんでしたが、有効な手立ては見当たりません。

業界全体が落ち込んでいるという正しい情報をつかめずに手あたり次第に思いつきで仕掛けても、当たるはずがありません。ただ、そんなことは分かるわけもなく、私はもがき続けていました。

イギリスで見た日本の未来

上昇気流をつかめないまま私は2007年に38歳で代表取締役社長に就任します。園芸業界も、私の会社も下降を止めることはできず、低迷した状態での社長交代でした。

私がようやく園芸業界の正しい実態をつかむことができたのは、それから2年後の2009年です。IGCAのイギリス大会に参加し、マンチェスターのガーデンセンターを訪れてみると、観葉植物がごく少量しか取り扱われておらず、それに伴いインドア植物の売上も減少しているということを知りました。

私が約10年前にオランダにいたときには考えられない状況です。わずか10年でガーデニングの本場であるヨーロッパがこんなにも売上が落ちてしまっているのかと愕然《がくぜん》としました。ただ、ヨーロッパの場合は観葉植物の需要自体が激減したというよりも、ＩＫＥＡなどのライフスタイル雑貨店で購入するなど選択肢が増え、ガーデンセンターの売上が減少しているようでした。本場がこのような状態なのだから、日本もきっとこういうふうになっていくのだと実感したことを思い出します。

ただ、園芸や屋外のガーデニングの植物に関しては以前と変わらずにたくさん売っている状態だったので、園芸は変わっていないようでした。ヨーロッパでは「見せる園芸」として庭を手入れして楽しむという文化が当たり前に根付いているため、ライフスタイル自体は大きく変わらず、園芸部門は好調をキープしていたのだと思います。雑貨店などでは屋外の植物を販売することはハードルが高いために、そこは侵食されなかったのです。

私はイギリスに日本の園芸業界の未来を見たと感じました。私の会社も園芸は１９９８年以降に減少傾向ではあったにせよ、そこまで大きく落ち込んだわけではなかったので、まだまだ回復できると考えていたのです。

それよりも深刻なのは観葉植物の急激な落ち込みです。日本もいずれそうなるだろうと考え、強い危機感を抱きました。園芸部門がその減少分をカバーできるとは考えられません。

そこでまずはできることから始めようと、観葉植物とおしゃれな鉢をセットで販売したり、そのままインテリアとして部屋に飾れるような形での販売をしたりと、いろいろと試しました。しかしどれもパッとせず、売上はじわじわと下がり続けていました。

観葉植物の落ち込みを補うためには日用品やペット用品を強化して、ホームセンター化していくしかないのではないか、ということさえ頭をよぎりました。それ以外で会社を続けることは無理なのではないかと真剣に思ったこともあります。

でも、私はどうしてもそれをしたくはありませんでした。ホームセンターで働いた経験から価格競争になることは明らかでしたし、私は園芸店を大きく成長させようとここまでがんばってきたからです。

また、私はホームセンターの経営に興味をもつことができませんでした。情熱をもって取り組めないこと、没頭して集中できないことをやって成功できるほど甘いものではないことは十分に理解しています。私が情熱をもって没頭できる園芸店の世界で、何か打開策はないかと、日々頭を悩ませる日々が続いていました。

新聞で見た衝撃の見出し「１３００億円縮小」

「切り花１３００億円縮小」という衝撃的な見出しを新聞で目にしたのは、２００９年５月のことです。あわててその見出しが載った日本農業新聞の本文を読みました。

「一般消費者が購入する切り花の市場規模が２０２５年に約３３００億円と、07年の28％に相当する１３００億円縮小する恐れがあることが、農水省の試算で分かった」

「ライフスタイルの変化などで、仏花以外の目的で花を購入する65歳未満の花離れが進むためだ」

「鉢物市場も１０００億円程度収縮する懸念がある」

私は驚くと同時に、「なるほど」と深く納得しました。このときに初めて国内園芸業界全体が落ち込んでいるという事実を把握し、これまでに私がいろいろな仕掛けをしても効果が出なかったのは、そもそも需要が減少しているという正確な情報を知らずに策を考えていたからだと気づいたからです。正体が分からない敵に対して有効な手立てを取れるはずがありません。

私の仕掛けで上がる量と、世の中全体の需要の下がる量を比べたときに、圧倒的に後者が多ければ、焼け石に水状態で、何をやっても意味がありません。下げのインパクトよりも強く効果的な上げのインパクトを創出できなければ、効果など出るわけもないのです。独りよがりの小さな世界のなかでの仕掛けは、一時的に微量の売上をあげるだけで、全体を継続的に押し上げることはできません。

私はすぐにこの新聞の数字をもとに、会社の将来の売上予測を出してみました。2010年、2015年、2020年、2025年と出してみたところ、2007年は会社全体の売上が実績で9億8000万円に対して、2025年は7億円という数字になりました。実に年間で2億8000万円分のマイナス、分かりやすい大赤字です。これでは都内3000坪の敷地をもち、莫大《ばくだい》な固定費がかかる私たちの店舗を継続することなどできるわけがないと頭を抱えました。

小さな仕掛けをしても意味がなく、この数字をひっくり返すためには「ビジネスモデル自体に大きな変革を加えるしかない」ということにたどり着きました。とはいえ、そんな革新的なアイデアがすぐに思いつくわけもありません。

そこからの私は意味がないことでも、なんでもトライをしました。周りからは「社長は頭がおかしくなった」と言われるほどに、動いて、動いて、トライを続けたのです。なぜなら、園芸店を続けたかったからです。

止まらない下降の流れ

当時から都内で屈指の品ぞろえを誇る私たちの店舗は園芸マニアのファンがついていて、「あそこに行けばなんでもそろう」という安心感が１つの価値になっていました。だからこそ、売上が下がっていても、仕入れのコストを減らさずに、その状態はなんとしてもキープすることを決めました。

その一方で、マニア受けする商品を積極的に仕入れることにしました。まずはハオルチアやサボテンなどの多肉植物のなかでも特に珍しい品種のものに狙いを定め、市場を介さずに生産者と直接やり取りをしてオリジナリティあふれる売り場をつくりこんでいきました。

その売り場をホームページやFacebookで「今まで見たことのないハオルチアが集結」と大々的に宣伝すると、一時的なブームになり、それは日本全国へと広まりました。サボテンはもともとコレクション性の高い植物なので、集めやすい小型のものをそろえたところ、多くの顧客に喜んでもらえました。とはいえ、一部のマニアには受けたもののそれ以上には広がりませんでした。

ほかにもコレクション性の高いセントポーリアや、若者に人気の塊根植物などを豊富にそろえて展開し、発信をしていきました。それぞれの仕掛けは単発で見れば、小さい規模では成功したと思います。ただ、それは一時的な小さな売上にすぎず、全体の売上を向上させる効果は一切ありませんでした。

会社が厳しくなると、いろいろな声が届くようになります。「2階はほかの会社に貸して家賃収入を得て、1階だけで園芸店をやればいい」と言われ、実際にそうした情報を聞きつけた外部の会社からは「2階はいくらで借りられるか」と問い合わせが入るようになりました。

園芸店をなんとしても続けるために思いついたことはなんでもトライしましたが、何一つ当たらずに、下降を止めることはできません。会社の未来を握っているのは、社長である私です。その私はそのとき何一つとして解決策をもっていませんでした。いよいよ私は本格的に追い詰められていました。

第2章

まるでジャングルに迷い込んだよう――

園芸店を「ただ買える場所」から「未知の感動体験ができる場所」へ

2007年の改装

社長就任後、さまざまな改革を実行してきたものの、いずれも不発に終わり、私はどうしていいか分からなくなっていました。

社長に就任した当初の2007年には、なんとか業績を維持しようと考えて、3つの新店舗、生花専門店、庭のリフォームサロン、100円ショップを建物内に新設しました。園芸部門がどうしても伸びなかったので、他の領域で補填《ほてん》しようと新たな事業として立ち上げたものでした。

1階で営業を行っている生花専門店は、地域のスーパーマーケットの中など、最多時には計5店舗ほど展開していたこともあります。生花は私が1998年に入社して着手以降、順調に成長を続けていたので、ここは別ブランドとして伸ばすことを考え、ゆくゆくは多店舗化も視野に入れて開設をしました。

庭のリフォームである「リガーデン」を行うショップもあります。これは顧客から多数の要望があったことから生まれたものであり、現在も顧客とのコミュニケーションの場、ある種のコミュニティのような場になっているため、私たちの店舗にとっては重要な機能の一つになっています。

１００円ショップもつくりました。以前から少数ながら日用品は扱っていたため、その延長として始めたものでした。これにより売上は多少増えましたが、販売価格が低く利益率も高くないため、会社を支える事業にはなっていませんでした。

こうしたいくつかの新規事業を立ち上げたものの、私の会社を支える大きな利益を生み出してくれている事業は、やはりアウトドア植物の園芸であり、次にインドア植物の観葉植物にほかなりません。本来であれば、この背骨となる部分によりリソースを割いて、選択と集中をして価値や売上の最大化を図らなければならないところを、私はほかの事業に手を出し、分散させてしまっていることに気づきました。いろいろなことに片手間で手を出すような中途半端なことをして、本業がうまくいくわけがないと猛省しました。当時のスタッフは社長の私がさまざまなことに手を出すので「この会社はどこへ向かうのだろう」と困惑していたと思います。

この経験を通して、私は自分自身の「軸」を見つめ直さなければならないと思うようになりました。私にとって、会社にとって、いちばん大切にしなければならないものはなんなのか、そこをとらえきれなくて迷走している感覚が自分自身でもあったのです。

「毎日手帳」で自分自身と対話

自分の軸を見つめ直して気づいたことは、やはり本業である園芸と観葉植物にしっかりと注力することでした。ただ、これまでと同様に「品ぞろえが多い」だけでは売上が回復しないことも明らかです。

そこでたどり着いた結論は「ビジネスモデルを変えなければ私の会社は存続できない」というものでした。強みを活かしながらも、時代に合わせた価値提供をしていかなければ、このままジリ貧で潰れてしまうと、強い危機感を抱いていました。それから私は常に「革新の一撃となる新たなビジネスモデルはないか」と考え続けるようになります。

その頃から始めたのが、今現在も続けている「毎日手帳」です。言葉のとおり、365日、1日も欠かさずに、その日に実施したことや気づいたこと、成功したこと、失敗したこと、改善すべきこと、本を読んで学んだことなどを全て書き記すのです。自分の内面に深く潜りこみ、自分自身と対話をすることで、何かをつかめるのではないかと必死で始めたことです。

1日目に手帳に書いてみた段階で、手帳に書くだけでこんなにも自分自身のことを深く理解することができるのかと驚きました。それからはこの時間が楽しくなり、夢中で毎日、書き続けるようになっていきました。

毎日日記を書くと同時に、猛烈に本も読みあさりました。最も読んだのはビジネス書や経済書でした。ユニクロの柳井 正氏の本ではブランディングの重要性を学びました。「企業が成功するためには商品を売る前にイメージとしての店を売り、企業を売る。つまりブランド＝信用をつくっておくことが大事であり、顧客一人ひとりにこの企業は私にこんなメリットを提供してくれると思ってもらえなければ商品は売れない」ということが書いてあり、心に強く残りました。これを読んでから数年後の２０１８年に私の会社は大々的なリブランディングを行うことになるのですが、この言葉が大きく影響しています。

また経済学者のドラッカーの本で最も印象に残っているのは「ノンカスタマー」の概念です。「企業にとって最も重要な情報をもたらすのは、カスタマー（顧客）ではなくノンカスタマー（非顧客）である。変化をもたらすのはノンカスタマー」とあり、私はこの考え方に強い衝撃を受けました。

なぜなら私の会社はそれまで顧客、常連に重点をおき、顧客満足度アンケートを定期的にとり、それをもとに店舗の改善を行ってきたからです。しかし、それでは現状の顧客の満足度を上げるだけで、ノンカスタマー、つまり新たな顧客を獲得することはできないというわけです。言われてみればそのとおりなのですが、当時そのような感覚が一切なかった私にとっては目からうろこが落ちる感覚でした。

それに関連して、ドラッカーが最も重要と位置付けていたのは「顧客の創造」です。既存の顧客、常連客は時間経過とともに減少していくのだから、新たに顧客を創造していかなければ企業は現状維持も成長もすることができません。顧客を創造するために重視されていたのはマーケティングとイノベーションです。常にマーケティングをしてノンカスタマーが何に興味をもっているかを調査し、それをつかんだうえで新たな仕掛けであるイノベーションを実施することで顧客の創造ができると本には書いてありました。私はドラッカーの影響を受けて、私たちの店舗に興味のないノンカスタマーをいかに振り向かせるかを考えるようになりました。

また、大学生のときにはまった司馬遼太郎にも、このときに改めて影響を受けました。『坂の上の雲』を読み、「人間の頭に上下などない。要点をつかむ能力と不要不急のものを切り捨てるという大胆さだけが問題だ」といった言葉が出てきて、はっとしました。一人の人間ができることはそんなに多くなく、できることは限られています。あれこれと手を出すのではなく、どこかにポイントを絞って集中をして、結果を出すことが大事であり、裏を返せば不要なものは捨てる覚悟が必要ということを実感しました。

これらのほかにも、ありとあらゆる本を私は読みました。どの本にも必ず気づきや学びはあるものです。それを毎日、手帳に書き続けていました。

私が手帳を書くうえで意識していたのは、気になったところをただ書き写すだけでなく、なぜ私はそこを重視したのか、そこから学べることは何かなど、私のなかにある思考も全て可視化して書いていくことです。ただ書き写しただけでは、そこから発展するものはありません。その言葉から今私が抱える問題にどのようなヒントがあるのかを意識しながら、掘り下げていくようにしました。

そして、一度書いて終わりではなく、時間が空けばいつでも、何度でもその手帳を読み返していました。書き留めただけでは人間は忘れてしまうものです。自分のなかに消化して、自分自身の思考になるまで読み込むことを意識しました。

さらに、半年に一度は書きためた手帳を持って、５日間の１人合宿を行いました。会社内には、漫画の『ドラゴンボール』に出てくる「精神と時の部屋」と私が呼んでいる部屋があり、そこにこもってひたすら１人で考え続けるのです。対話する相手はおらず、とても孤独な時間で、つらいと感じることもあります。しかし、これをすることで思考がクリアになり、自分にとって大切な１本の軸や、新たなビジネスモデルを見つけるヒントになると考えていました。

それを何度も繰り返して続けていると、本当に自分という人間が以前よりもクリアにとらえられるようになりました。以前はもやがかかったような状態の思考だったところが、ぱっと晴れ、全ての思考回路がつながったような感覚になりました。今までトライした仕掛けがなぜうまくいかなかったのかも理解することができ、会社が進むべき方向性も少しずつ見えてきました。

転機は2011年の東日本大震災

「自分の軸を探そう、新たなビジネスモデルをつくろう」と、もがき続けてから数年が経過した2011年に、思わぬ形で転機は訪れました。皮肉なことに、ブレイクスルーのきっかけは3月11日に起きた東日本大震災でした。東京にある私たちの店舗は直接的な被害はありませんでしたが、店にはさまざまな動きがありました。

まず、屋外の園芸や、野菜苗や種が以前よりも売れるようになったのです。それは原発の被害の影響により食料に対する不安の声が高まり、自分たちで育てようとする動きがあったからです。また、電力不足に備えて、少しでも電力消費を抑えるために、ビルの外部を植物で覆い、直射日光を避ける「緑のカーテン」と呼ばれる緑化もメディアの影響で注目を集め、需要は高まりを見せていました。

一方で、震災の影響により、人々は植物に手間を割く余裕がなくなり、特に屋内で育てる観葉植物はこの日からまったくといっていいほど売れなくなってしまいました。それまでも売上は落ち続けてはいたものの、ある程度は売れていたのですが、このときからはピタリと止まってしまったのです。

あまりにも観葉植物が売れない状況が続いたことで、私も弱気になってしまい、会長である父に「もうホームセンターにして、日用品なども合わせて売るしかないのかもしれない」と弱音を吐いたこともあります。そのときに父は「そこまで悩んでいるのだったら外に出て、実際にホームセンターを見てみればいい」というアドバイスをくれました。私はあの頃の世間の多くの人たちと同様に毎日暗い顔をして会社にいたので、「外の空気を吸って気分転換をしてこい」と気遣ってくれたのです。

実際にホームセンターを見に行ってみると、震災後の生活に対する不安が影響してか、家庭の必需品を中心とした日用品やペット用品などが凄まじい勢いで売れているところを目の当たりにしました。その光景にショックを受けながらも、それを見て私は決断をしました。このままの状況を続けていても上向きの目は見えないのだから、需要が増加している今だけでも一時的にホームセンターに寄せることにしたのです。

園芸店を続けたい私にとっては忸怩《じくじ》たる思いがあり、苦渋の決断でしたが、何よりも「存続」が大切だと考えたのです。そこで2階で多くのスペースを取っていながらも、売上が減少傾向にある鉢花の植物は全て1階に移動し、観葉植物は以前の半分のスペースに縮小し、できるだけ詰めて並べるようにしました。残りのスペースは以前から少し置いてあった日用品やペット用品の売り場を拡大して、なんとか売上をキープして凌《しの》ごうと考えていました。

さらに翌2012年には、大きなコストをかけて、4つのゾーンと5つの専門店というコンセプトでリニューアルを実施しています。4つのゾーンは1階のガーデニング、2階の観葉植物、雑貨・園芸資材、暮らしとペット、そして5つの専門店は、前述した3つの店舗に加えて、現在のカフェの前に入っていたカフェチェーンと現在は廃業しているペットのトリミング店です。

顧客はおおむねリニューアルに対して好意的だったのですが、これだけやっても大きな売上につながることはなく、植物の売上は一貫して減少を続けていました。日用品やペット用品の売上により、会社としては大幅な売上減をなんとか避けることができているという状態だったのです。

起死回生
親子の「ジャングルみたいで面白い」という一言

そのような厳しい状況にあっても、私は「植物を売る」「園芸店として成長する」ということを一切諦めてはいませんでした。なんとかして盛り返して、2階を再び植物で埋め尽くすようにできないかと、日々考え続けていました。

園芸の本場オランダでその文化に触れ、その世界観をいつか日本でも体現したいと夢見ていたからです。本場の雰囲気に自分自身の工夫を加えて、ブラッシュアップをして、ゆくゆくは多店舗展開をすることができれば、こんなにも面白いビジネスモデルはないという熱い思いが、帰国してから消えることはありませんでした。

そんなふうに根っからの植物好き、園芸好きの私は、会社の売上が減り、植物の展示スペースが減っているにもかかわらず、生産者からユニークな観葉植物などを見せてもらうと、つい仕入れてしまっていました。これは昔からの性分であり、気に入ったものは直感ですぐに仕入れてしまうものです。そして、これがV字回復のきっかけになるとは想像すらできませんでした。

私が仕入れた植物は、半分になってしまった観葉植物のスペースにぎゅうぎゅうに詰めて並べていくしかありません。植物は縦置きで積み上げていくことはできないからです。

社員からは「社長、どうするんですか。こんなに仕入れちゃって置ききれませんよ」とあきれられていました。私も後先考えずに仕入れていたので返す言葉もありません。そこでなんとかして並べようと、40センチの鉢の中に10センチぐらいの鉢を並べて入れたり、大きな観葉植物の枝に吊り鉢をかけたりと、それまでやったことがないアクロバティックな並べ方をして、どうにかコーナーをつくることにしたのです。

それからも私の仕入れ熱は冷めず、日に日に観葉植物コーナーの密度が増し、自分でも「凄い状態になってしまったな」と思っていたあるときのことでした。お母さんと娘らしき2人が観葉植物コーナーを回っていて、お母さんが「ジャングルみたいで面白いね」と言ったのです。私は顧客の声を聞くためによく店内を歩き回っていて、そのときも親子の会話が耳に入ってきました。

その言葉は、私の頭の中に真っすぐに入ってきました。直感的に「それだ!」と思ったのです。私は意図的にジャングルのような見せ方をしていたわけではなく、そうせざるを得ずにやったことでした。しかし、その状態を見た人は「面白い」と感じることに驚くとともに、植物の力はポジティブな感情を生み出し、振り返らせる力があるのだと瞬間的に感じて、全てのことがつながったのです。

見いだしたビジネスモデル「体験型の店舗づくり」

それからの私の行動は早く、今度はジャングルを意識して、意図的に売り場をつくりこんでいくことにしました。もっと空間を活かして吊り鉢を増やしたらどうだろう、柱も使って演出してみたらどうだろうと、あれこれと工夫して、訪れた客に「面白い」と言われ、驚かれるような「観葉植物のジャングル」をつくりこんでいきました。

私が20代の頃に渡ったオランダをはじめとするヨーロッパは美に対する意識が非常に高く、見せる園芸や、視覚やデザインにより購入を促すＶＭＤに対しても先進的な国です。ドイツなどはＶＭＤの専門の学校があるほどです。ただ、私がジャングル化を思いついたときにオランダでの経験を意識していたかと言われれば、そうではありませんでした。

もちろん潜在的には私の体内に染み付いた部分があり、そこと反応したことは間違いないと思いますが、「ＶＭＤを意識して改革するべきだ」という思考には至っていなかったのが正直なところです。本当に流れのなかから偶然生まれた、直感による思いつきといってもよいようなものだったのです。

ジャングル化を進めてみると面白いことに、分かりやすく客数と売上が両方とも、少しずつ増えていったのです。その数字を見て私は確信しました。ただ並んでいる植物を見せるだけでなく、ジャングルをさまよっているような「体験型の店舗づくり」をしていけば、まだまだ集客ができる、会社は復活できると考えたのです。

このようなビジネスモデルを見いだしたのは、偶然のようでいて偶然ではないと私は思っています。数年間にわたり、自分自身を掘り下げ、書籍を通して外部からの学びを受け、どこかに突破口はないかと考え続けたからこそ、親子のちょっとした会話のなかからヒントを得ることができたのです。私がアンテナを張り続けて意識していなければ、何気ない親子の会話として頭を通り過ぎていたことでしょう。

今振り返れば、ドラッカーの本に書かれていたことをそのまま私は実行していました。顧客の声を聞こうと店内を日常的に歩き回っていた行為はマーケティングであり、親子がジャングルのような店内を見て「面白い」といった感性は、ノンカスタマーを振り向かせる力そのものです。そして、そこに気づき、「体験型の店舗づくり」へと結びつけることはイノベーションといえるでしょう。「毎日手帳」と「1人合宿」が数年の時を経て、ようやく効果を表したのです。

すぐにジャングルに振り切るのではなく、観察期間を

ジャングル化をしたことで集客数も売上も伸びていったものの、今までの園芸店の方針とあまりにも異なることから反対の声があり、会長である父からは「元に戻すように」と言われていました。私自身もこれが本当に正解なのかは確信がもてなかったので、それから約3年間は「観察」をすることにしました。

父は花を育てるときも、人材を育てるときも、その本質を見抜く観察を何よりも大切にしていて、その姿を私は間近で見てきました。そこで私もすぐにジャングル化に振り切るのではなく、しっかりと観察をして確信をもってから振り切ろうと納得したのです。

同時に、この期間でジャングル化、体験型の店舗づくりを強固なコンセプトに変えるために、少しずつブラッシュアップを行いました。例えば仕入れです。以前から品ぞろえには定評があった私たちの店舗ですが、ジャングルにするためにはさらに強化する必要がありました。

そこで私が直接、生産者のところに出向いて、ジャングルにふさわしい観葉植物を仕入れることから始めました。沖縄や鹿児島の指宿《いぶすき》、八丈島、愛知、埼玉など、珍しい観葉植物を育てている生産者のところへすぐに飛んでいき、コミュニケーションをとり、信頼関

係を結び、次々に新たな観葉植物を仕入れていきました。さらにユニークな生産者を紹介してもらい、まだ園芸業界で日の目を見ずに眠っている植物を見つけ出しては、ジャングルの強化を続けていったのです。

そして、売上が増加するとともに、少しずつ売り場面積も増やしていきました。一気に広げるようなことはせず、少しずつ、じわじわと広げていきます。そのぶん日用品などのスペースを狭めていきました。その状況を客観的に見ると、一時的にホームセンター化してしまった私たちの店舗を、本来の園芸店に返り咲かせることができると信じることができて、さらにモチベーションが高まりました。

ジャングルをつくるときのこだわり

私が観葉植物のジャングルをつくるうえでのこだわりはいくつかあります。1つは、私自身、また顧客が一目見たときに「凄い、すてき」、英語で言えば「Ｗｏｗ！」と思わず声に出てしまうようなビジュアル、インパクトをつくりこむことです。いかに直感的に顧客の心をとらえることができるかを常に考えています。

要は第一印象です。私は現在も社員に対するＶＭＤ研修では「店のイメージは第一印象で70％決まる」という言葉とともに、いかにそこに力を入れるべきかを伝えています。「いいお店だったね」で終わってしまってはだめです。第一印象で顧客の心をがっちりつかんで、帰る頃には「また行きたい」と思わせられなければ、ノンカスタマーをカスタマーにすることはできません。

恋愛でいえば「一目ぼれ」の状態をいかにつくるかであり、それがとても重要なのです。会った瞬間に相手の心をわしづかみにして、一目ぼれをさせるぐらいの売り場をつくることを意識しています。

これらのこだわりは社員だけでなく、アルバイトに対しても言い続けています。スタッフの75％はアルバイトなので、一部の社員が理解していればよいのではなく、全スタッフが共通認識としてもち、細部までこだわることでインパクトのあるジャングルができると思っています。

そしてもう1つは、宝探しのように楽しめる売り場の設計です。以前の売り場は植物がきれいに整理され並べられていて、どこに何が置いてあるかはとても分かりやすい設計になっていました。

ジャングル化が目指すものは、その真逆です。種類をそろえて並べずに、どこに何の植物が置いてあるかまったく分からない状態をつくりこんでいきます。そうすることで来店客は店内を周遊し、予想もしなかった植物と偶然出会いながら、欲しいと思っていた植物を探す、見つけるという、エンターテインメント性のある売り場になると思ったのです。

このように複雑な構成の店内にしたことで、来店客とスタッフのコミュニケーション量は確実に増えました。「あの植物はどこにありますか?」「これはどのような植物ですか?」など、以前よりも確実に来店客からの質問が増えました。人は少し話すだけでも親近感がわくものです。コミュニケーションが少しでも生まれると「これはどう育てたらいいですか?」など、次々に質問を受けるようになり、確実に以前と比べて変化が生まれるようになりました。

購入点数と購入単価の両方がアップ

ジャングル化のメリットは観察期間中に次々に見えてきました。最大の効果は、狙っていた「宝探しの感覚」のとおり、来店客が店内を楽しみながら周遊してくれるようになったことです。

どこに何の植物があるか分からないと必然的に店内を周遊しながら目的地を探そうとし

ます。その途中にはジャングルの中で新たな発見、予期せぬ植物との出会いがあるわけです。コンビニでレジに並ぼうとしたときに欲しい商品が目につくとかごに入れてしまうように、目的の商品以外の購入が明らかに増え、顧客1人あたりの購入商品数が増えていきました。

さらに、顧客1人あたりの購入単価も上がりました。ジャングルのようにさまざまな植物が複雑に並び、そこには私が沖縄などの生産者から直接仕入れた珍しい植物もあるので、商品の値段の幅が以前よりも大きく広がったからです。

特に私が独自で仕入れた植物は生産者のこだわりが詰まったものが多く、数万円から50万円ほどするものまでありました。通常のように市場から仕入れていると、安いもので２９８円から高いもので1万円程度のものしかそろわないものなので、いかに他店と大きく違う状況をつくりこんでいたかが理解しやすいと思います。

通常であれば高額な商品を仕入れても簡単には売れません。安いものがあれば、それを選ぶのが消費者心理というものです。でも、私たちの店舗はそれだけ高額なものを仕入れても、以前から品ぞろえの豊富さゆえに「植物の聖地」と呼ばれていて、いわゆる植物マニアの人たちが多数常連になってくれているので、難なく売れていくのです。

仕入れた高価格商品が売れると好循環が生まれます。生産者は手塩にかけて育てた簡単に手放したくない植物であっても、きちんと仕入れて売ってくれる店と分かれば、私たちに譲ってくれます。それがさらに拍車をかけ、次第にマニアの常連を中心に顧客からは「沼」と呼ばれるようになっていきました。沼とは深みにはまり続ける場所という意味であり、来るたびに新たな発見や珍しい植物があるため、抜け出せない場所になっていったという意味です。

この状態は私が目指した「ホームセンターとの明確な差別化」を実現したものです。ホームセンターは価格競争で優位に立ち、商品を売ります。つまり、値段が購入の決め手になるわけですが、私たちの店舗は「値段は関係ない」という世界をつくりこむことに成功したのです。「あの店にしかない」「こだわりの強いあの店だから買う」というポジションを、ブームが去ったあとに再びつくりだすことに成功したことは、私たちにとって非常に大きな一歩でした。

消費者がオザキフラワーパークという沼にはまったのは、珍しい観葉植物をそろえたことだけが原因ではありません。そこに「宝探し」のようなエンタメ性を掛け合わせたからこそ、「沼る」状態を実現できたのだと私は思っています。

深み×エンタメ性＝沼る、この方式を私は現在も強く意識しています。このようにして「購入点数、単価の両方がアップする。ノンカスタマーから顧客の創造に成功する」という好循環が出来上がっていきました。そして、この好循環を崩さず、消費者に飽きられないように、ジャングルの設計は定期的に変化させ、固定化しないようにしました。「来るたびに新しい発見、面白さがある」ことを常に考え、いかに消費者にワクワクしてもらえるかを今も意識しています。

重要なのは「ビジネスモデル、仕組み、人」

３年間のジャングル化の観察を終えた２０１５年、私はこの戦略に全てのリソースを使って注力することを決断しました。その結果、売上が最も低かったときと比べて、10年間で15倍に増加するまで成長させることができています。

私は「毎日手帳」や「１人合宿」を始めて、深く思考を続けた期間に気づいたことがありました。企業が大きく発展するうえで重要なことは３つあるということです。それは「ビジネスモデル」と「仕組み」と「人」です。

まず、企業の根本であるビジネスモデルが間違っていると、どんなに社員ががんばってもビジネスは伸びません。それは以前の私の会社がそうだったように、園芸業界全体の業績が落ちて、需要が減少しているなかでは「品ぞろえが豊富」という旧態依然のビジネスモデルのままでは下降をたどるだけなのです。時代に合わせた抜本的な改革を行い、そのときの消費者のニーズに合わせたビジネスモデルを打ち出さなければ、企業は生き残ることができません。

ジャングル化によるＶＭＤにより、現代にマッチしたビジネスモデルへと変革することができましたが、私は今も常にビジネスモデルの見直しを続けています。この人気もいつまで続くか分かりませんし、常に危機感をもちながら観察を続けています。

次に大切なことは仕組みです。時代に合ったビジネスモデルを生み出すことができれば、集客ができて、売上は上がるようになります。ただ、そのままでは社内の仕組みがそこに最適化されていないため、利益はついてきません。例えば、ジャングル化して観葉植物が売れるようになると、配達需要も併せて高まるため配達要員を増やしたり、梱包《こんぽう》を見直したりすることが必要になります。それをしなければ不要な損失が生まれるからです。

ビジネスモデルが変われば、当然ながらオペレーションや人材配置なども変わるため、利益を上げるためには仕組みも以前のものとは変える必要があります。いかに経費を抑えながら、売上を上げ続けるかを考え、取り組まなければ、いつまで経っても忙しいだけで利益が出ないという状態になってしまうのです。

そして最後は人です。利益を生み出すためのビジネスモデルと仕組みを構築しても、私一人がその本質を理解して、理解していない社員たちを大声で引っ張っていても、それは長続きしないものです。必要なのは、全社で共通の認識をもち、１つのゴールに向かって突き進むことです。そうして選択と集中をして突き進むことで、突き抜けることができるのだと私は思っています。

２０１８年からリブランディング

私は２０１８年に会社の大々的なリブランディングを行うことにしました。会社がなぜ存続しているのか、利益をあげることができているのか、その根幹にあるビジネスモデルと仕組みを社員にしっかりと理解してもらうことを目的としたものです。

私個人に属人化した状態を抜け出すことができないことが課題だと感じていたため、組織全体にまでこの会社が消費者に提供する価値やその意図、目指すべき未来を落とし込む必要性を強く感じたのです。そこで外部のブランディングに実績のある会社の力を借りて、ブランドブックの作成や外観の改装など、大々的なリブランディングを行うことにしました。

リブランディングにおいて私が意識したことは、アウターブランディングとインナーブランディングを両方同時に行うことです。外部に対して新たな体験型店舗のイメージを打ち出すだけではなく、社内に対して「それをなぜやるのか」「目指しているのはどこなのか」「我々は何を意識するべきなのか」をしっかりと伝え、社員のみならずアルバイトまでも全員の意識やビジョンが統一している状態をつくりたいと思ったのです。このときまでにビジネスモデルと仕組みをつくりこむことができたので、最後の「人」へと伝える段階に入ったことを意味しています。

まずは私たちが目指すべき会社のブランドイメージを明確にすることから始めました。ビジョンを「日本中に、花や緑、豊かな生命《いのち》であふれる美しい街並みを広げていきたい」と定め、それを実現するために「バラエティストア」から「花と緑が中心のライフスタイルセンター」へとシフトすることを掲げました。

当時は雑貨やペット用品などのスペースがまだ広く、1階には食品スーパーがあることもあり、根強く「ホームセンターのようなバラエティストア」「スーパーの中にある花屋」というイメージをもつ人がいることに私は不満をもっていました。実際は食品スーパーに店舗の一部を貸しているという状態なのです。そのイメージから抜け出して、「ライフスタイルを提案するスタイルストア」と、「より豊かな暮らしを提案するジェネラルストア」を組み合わせて、ライフスタイルセンターへと昇華させようと考えたのです。

そのため、それぞれの役割が独立していた各売り場を園芸と親和性の高い商品・空間構成へと再編しました。それにより、花と緑を取り込みながら心豊かな暮らしを実現する場所へとイメージ転換を図っています。

このように考えたことはやはり私自身の海外での経験が大きく影響しています。海外のガーデンセンターは園芸を扱う場所だけではなく、人々が集う憩いの場であり、ライフスタイルセンターになっているのです。私もそのような場所をつくりたいと強く思っていました。

リブランディングで定めた私たちの「ミッション」

ミッション（使命）も併せて決めました。「〝植物の力〟その喜びを伝える業界のリーディングカンパニーとなる」です。

私たちの店舗は、もともと地域や既存の消費者にとっての便利でなじみの店、言い換えれば「ローカルヒーロー」でした。そこからさらに発展を続け、ジャングル化を進めたこともあり「植物のテーマパーク」「買える植物園」と呼ばれるようになっていました。

ただ、これには弊害もありました。私の会社には植物を心から愛するスタッフがそろっているがゆえに、品ぞろえもガーデニング上級者やマニア向けに偏っていくところがあり、そうなると「ガーデニング初心者には優しくない店」になってしまっていると私自身が感じていたのです。私たちにとっての顧客は、ガーデニング上級者だけではなく、これから園芸を始める人も、数年前から始めた人も、初心者・中級者・上級者の全ての人が顧客になり得る店です。

そもそも、上級者向けの園芸店でよいのであれば、以前と同じように品ぞろえが豊富で整理整頓された、どこに何の植物があるか分かりやすい店内でよいわけです。しかし、それでは難しいから改革を行ったわけで、ジャングル化やＶＭＤは、ノンカスタマーや初心者も楽しめる場所をつくるうえで大きな武器になるものであるということが、リブランディングを通して改めて見えてきた実感でした。

初心者が植物の喜びを少しでも実感すると、中級者、そして上級者へと、階段をのぼっていき、気づけばオザキフラワーパークの「沼」にはまっていくという流れが生まれます。つまり、新たな顧客を創造するためには、初心者への優しさ、入口がとても重要なのです。このような背景から、私たちが目指す先は「〝植物の力〟その喜びを伝える業界のリーディングカンパニーとなる」と定めました。

併せて、会社のキャッチコピー（ブランド・エクイティ）も考えました。これを生み出すには時間がかかりました。結局、準備期間には決まらずに、２０１８年にリブランディングを行った際もキャッチコピーはないままで進めています。

それからもどうしようと頭を悩ませていたときに、かつて私が参加したＩＧＣＡの大会で、イギリスの園芸業界が「Power of Plants（植物の力）」という言葉を使っていたことをふと思い出したのです。当時はそれに関する講演もあり、「いかに植物の力が人間にとって大切か」という内容を聞き、共感したことを覚えていた私の頭の中に「Feel the Power of Plants（感じよう！　植物の力！）」というコピーがパッと浮かびました。

突き詰めて考えると、消費者が欲しているのは植物や花ではなく、花や植物がある暮らしを体験したときに得られる感情です。私たちは真摯《しんし》にそれに向き合い、訴求を続けることが価値になるというメッセージを込めたものです。このコピーを幹部社員との会議で伝えたところ、とてもスムーズに決まりました。こういう根幹のメッセージは外部にただ任せるのではなく、内部からあふれ出る声を形にすることが重要だと私は考えています。

会社の象徴であるロゴマークの刷新も行いました。デザインを外部の会社から30種類ほど出してもらいましたが、私も幹部社員もなかなか気に入るものがなく、困り果てていました。そんなときに映画『君の名は。』を見に行ったところ、物語のなかで登場する「組紐」から着想を得ることができました。そのアイデアを起点にブラッシュアップを続け、オザキフラワーパークの頭文字「ＯＦＰ」をモチーフに、私の会社が大切にしている「人（スタッフ）」「商品（植物の専門性・品ぞろえ）」「地域（コミュニティ）」の3つの言葉が結びついた組紐をイメージしたものが完成したのです。形から入るのではなく、インナーの思いからデザインを考えると納得したものをつくりやすいと、このときの経験から学びました。

提供価値の3つのキーワード

続いて、会社が目指すべき提供価値は何か、ということも考えていきました。ここに関しては、「環境整備」「豊富な品ぞろえ」「おもてなし」の3つのカテゴリーに分けて考え、さらにそれぞれを3つのワードで表現しています。

環境整備については、生活を豊かにする商品と売り場「FUN」、本物の園芸ブランド「AUTHENTIC」、植物の良さを体感できる「NATURAL」の3つを意識して、売り場をつくりこんでいきます。

まず何よりも大切なことはＶＭＤの根幹であるワクワク感や新たな発見を提供する「FUN」です。その土台には60年以上の歴史を積み重ねてきた本物の園芸店であるという誇りの「AUTHENTIC」があり、上級者も満足するような品ぞろえと情報を発信していくことを示しています。また、花と緑のライフスタイルセンターとしてリラックスできる環境をつくるうえでは「NATURAL」の感覚も外せません。

この3つの感覚をバランスよく掛け合わせて、売り場をつくっていこうというメッセージを社員に伝えました。このバランスは売り場やコーナーによって異なるものです。ジャングル化した観葉植物エリアは「FUN」と「NATURAL」の要素が強いなど、その売り場にとって最適な構成要素を考えてつくっていきますが、必ず3つの要素を入れるようにしたいと思っています。

豊富な品ぞろえは、ただ種類を集めたり、マニアックな植物に偏ったりするのではなく、生活を豊かにする質の高い商品「美しさ」、顧客の期待に応える「便利さ」、新たな発見・出会いの体験「楽しさ」を常に頭におくことで、初心者から上級者まで楽しむことができて、さらに沼へとはまりこんでいく体験ができることを狙っています。

そしておもてなしは、本物の園芸ブランド「学びの場」、生活を豊かにするお店「イベント」、お店の良さを体感できる「コミュニティ」の3つをキーワードにしました。

ジャングル化を始めてから、VMDや品ぞろえには注力して取り組んできましたが、おもてなしのところはさらに改善する余地があると感じています。イベントやワークショップなどを開催し、消費者との接点をつくりだして植物の楽しさを分かりやすく伝えていかなければ、初心者から常連となる中級者・上級者へと育てていくことはできないからです。

コミュニティの形成に関しては、庭を整えるリガーデンを行う専門店の活用を考えています。顧客から実現したい理想像などの要望を聞いて密にコミュニケーションを取りながら仕事を進めるからこそ、店舗にも愛着を感じてもらえやすい環境をつくることができ、コミュニティが生まれやすい状況にあります。

インナーブランディングが重要

ここまでの内容をまとめたブランドブックもつくり、社内向けの教育やインナーブランディングに取り組みました。それは想像以上に大きな効果がありました。それまでは私1人が大きな声でチームを牽引し、社員は「社長の頭の中」という曖昧なものを追い続けていましたが、明確に文章として示すことで全員が同じ方向を見るようになり、進むようになったのです。

例えば以前は、目指す先が曖昧だったために、園芸部門と植物部門などの異なる部署間で意見が分かれたり、対立したりすることがありました。しかし、ブランドブックという「全社の統一基準」ができたことで、判断を「人」ではなく「ブランドブック」がするようになり、方向性の不一致や仕事のロスが目に見えて減っていきました。

ただし「この状態はブランドブックをつくったからできた」と言い切ってしまうと、少し語弊があります。私はブランドブックに書いてあることを、朝礼や定例会など、ことあるごとに社員に伝え続けています。同じことをしつこく話し続けているのです。

人は、ほかの人から言われたことはなんとなく理解しているようなつもりでいても、その根幹や背景、意図など、深いところまで理解していないことが多々あります。表面的に理解していても、私たちが目指すべき世界は絶対に実現できません。私は全社員の体の中心にまで腹落ちするように、伝え続けることをとても大切にしています。

それを愚直に続けていくと、社員も自分の頭で考え始め、自走し始めるようになります。勢いがつけばスムーズに走り出す車と同じように、最初のエンジンに点火するところがとても重要であり、その役目は私が「しつこく伝え続ける」ことをして担うべきだと思って取り組んできました。

ブランディングというと、外部に対するアウターブランディングをイメージする人も多いと思います。しかし、外に対してどれだけきれいなことを伝え、外面だけを整えても、中身が伴わず、それを実現する社員がそれを理解せずに行動していたら、それは絵に描いた餅です。そうなると、良いことを外部に発信しているぶん、消費者が来店したときの落差は大きく、マイナスブランディングになってしまうことも十分にあるのです。だからこそ、アウターブランディングとインナーブランディングは同時に行うべきだと私は考えています。

私たちの魅力を外部へと伝えるアウターブランディング

アウターブランディングでは、ジャングル化して宝探しのような感覚で楽しめるエンタメ性の高い体験型店舗であることを積極的に伝えるとともに、店舗の外側のＶＭＤにも着手しています。

まずは建物正面の外観であるファサードです。店舗は新青梅街道という大きな都道沿いにあり、日々たくさんの車が通ります。そのため、来店目的のない車に対してもいかに存在をアピールすれば、第一印象で気になる存在になり、「寄ってみよう」と思わせることができるかを考えました。

そこで壁一面を緑化することにしました。私はビジョンにも設定した「Power of Plants（植物の力）」を一目で感じてもらいたかったので、工事のときなどに職人がパイプで組んでいく足場を利用して、そこに植物が生えるように網を張り、成長の早いプミラなどを植え、壁一面を埋めるようにしました。

店舗の入口も大きく変えました。以前は自動販売機などが置かれてホームセンターっぽさがあり、雑多な印象を与えていたので、花のたるを置き、もともとあった花壇も全て植え替えて、花で埋め尽くすようにしました。イメージとしては、「花畑のじゅうたん」であり、花が「ウェルカム」と来店客を迎えてくれるというものです。これにより、建物は一気に華やかになり、来店客からは驚きの声が上がることも少なくありません。

さらにカフェも店舗の変更および場所の移動を行いました。以前はチェーン店が2階の奥の目立たないところに出店していましたが、契約を終了し、リブランディングのコンセプトに合う、地域の生産者がつくった食材を提供するカフェを1階の入口横にオープンすることにしました。

店舗のある練馬は以前の尾崎家がそうであったように、今もなお農家が多数いるため、地元で採れた野菜が手に入りやすい環境にあるのです。これを活かさない手はありません。外観も緑化した建物や花で埋め尽くされた入口とマッチするように、木をメインとしたデザインにして親和性を高めています。

余談ですが、あるときテレビ番組の取材でマツコ・デラックスさんが来てくれて、最後にカフェで食事をしてもらうことになりました。するとマツコさんから「社長、なんで練馬にこんなかっこつけたカフェ建ててんのよ」というようなことを言われ、私は内心喜んでいました。日常とは一線を画した、インパクトのあるカフェをつくりたいと思っていたからです。以前のカフェではこう言われることはなかったと思います。

園芸の本場、ヨーロッパのガーデンセンターにはカフェやレストランが必ずといってよいほど備わっています。大きなガーデンセンターの場合は、数百人は収容できるレストランがあるほどです。そこでは花や緑を眺めながら、食事を楽しむことができるのです。

日本は至るところにカフェやレストランがあるものですが、ヨーロッパは日本ほど飲食店が多くありません。普段は倹約しながら質素に暮らしている人が多く、そのなかで花や緑などの自然を楽しむ習慣が根付いているので、ガーデンセンターで1日楽しむという家族もたくさんいます。花や緑を見て楽しみ、疲れたらカフェやレストランで休憩して、また周遊するようなイメージです。

オランダにいた頃の20代の私も経営する花屋がなかなかうまくいかずに悩んだときはガーデンセンターのカフェに行き、緑を眺めながらどうしたらいいかと、戦略を立てたものです。

私にとってガーデンセンターは癒やしの場所であり、サードプレイス、第3の居場所なのです。そういう世界を日本でも実現したいと思っていたので、店内にカフェを設置することは、私の強い願望でした。

植木コーナーも改装

私たちの店舗の１階屋外スペース奥には、植木コーナーがあります。このコーナーは植木に興味があり、目的が明確な顧客しかほぼ入ってきません。思いつきで「庭に桜の木でも植えよう」とは思わないので、目的がない人には関係のないコーナーになっていたのです。

その状況を見た私は「もったいない」と感じていました。来店客にいろいろな場所を周遊してもらうことで新たな発見や喜びがあり、初心者から中級者・上級者へと成長するきっかけになるからです。そこで周遊するアイデアを考え始めました。

ちょうどその頃、東京ドームでは「テーブルウェア・フェスティバル２０１８」が開催されていたので行ってみると、イギリスで「ガーデニングの聖地」と呼ばれる中部コッツウォルズでよく使われる石材「コッツウォルド・ストーン」を使ったファイヤーピット（本来は炉。ここでは組み立て式花壇）が展示されていました。

一目見て気に入った私は、それを購入して店舗に持ち帰り、植木売り場のなかに設置し、植物とともに飾りたいという欲求がわいてきました。それを店の1つのシンボルにしたいと考えたのです。実際に店舗で飾ってみると、顧客からたくさんの好評の声が寄せられました。さらに勢いに乗った私はイングリッシュガーデン調のモダンガーデンの植木コーナーをつくろうと、社内のデザイン部とともにコッツウォルズのファイヤーピットが活きるデザインを考え、少しずつつくりこんでいきました。

そして5年かけて、ようやく植木コーナーが完成しました。そこには池があり、滝があり、鯉やメダカが泳いでいます。壁面はバラで飾り、華やかさも演出しました。ちなみに私は、利益の1／3は設備投資に回すと決めています。残りの2／3は社内に留保するものと税金です。こうして毎年少しずつ、植木コーナーの改装を進めてきました。

私がつくりたいイングリッシュガーデン調の世界観を全てつくりこんだ結果、植木に興味がない人たちまでも「あそこには何があるんだろう」と多くの人が周遊して、中に入ってくれるようになったのです。私たちが目指すべき提供価値である「環境整備」において示した3つのうちの1つ「FUN」を盛り込んだことで、ワクワク感を醸成することができたのです。

さらに、周遊してもらえるだけでなく、植木コーナーの売上も上がっていきました。「目的買い以外の人も、新しい発見や喜びを体感することで購入することがある」ということを証明しています。

最近は、２階の観賞魚などのアクアコーナーもＶＭＤを実現しています。以前はホームセンターのように水槽が整然と並び、薄暗いなかで熱帯魚が泳いでいるところでしたが、観葉植物コーナーと同じようにジャングル化をして、どこに何の魚がいるのか分からずに、発見する喜びを体感できるつくりにしました。

アクアコーナーは観葉植物コーナーと非常に親和性が高く、私自身もそうであったように、観葉植物を愛でている人は、その延長から水草などに興味をもち、アクアの世界に没入していく人が少なくありません。そのため、観葉植物の奥にアクアコーナーを設置して、さらにそこでも「ジャングルの続き」のように演出することで、さらに購買意欲を刺激することができるのです。

日用品やペット用品は、現在は完全に撤退しました。そのぶん２階は観葉植物とアクアコーナーを広げ、「花と緑が中心のライフスタイルセンター」を実現すべく、日々改善を続けています。

ＶＭＤ専門部署を設置

リブランディングによりＶＭＤをさらに強化していくため、私は社内にＶＭＤの専門部署を設置しました。見た目で人を引き付けるデザインは、実施する人のセンスや個性によって大きな差が出てしまうものです。私が大切にしているのも「第一印象でWow！と思わず声が出てしまうもの」など、非常に感覚的で曖昧な部分があります。

ＶＭＤ専門部署ができる前は属人性が強い状態だったため、部署ごとや担当した社員ごとに、どうしても差が出てしまっていました。その差をなくし、会社全体でＶＭＤの質を高い状態でキープすることを目指したいと考えたのです。

会社におけるＶＭＤの定義を明確にし、専門部署はヨーロッパをはじめ最先端のＶＭＤを常に学び、そこで得たものを全社へと共有します。社内でＶＭＤを実施する際は、必ず専門部署の担当がつき、現在進行形で「どうしたら顧客を驚かせ、喜ばせることができるか」を常に考えています。

ＶＭＤに関しては「これで終わり、完成」というものはありません。園芸の本場であり、美を大切にするヨーロッパと比べれば、日本の園芸業界の「見せ方」は残念ながらとても遅れています。そこに追いつけるようにＶＭＤを磨き続けることこそが、私の会社にとっての重要な戦略なのです。

第3章

「うちの店になければもう手に入る場所はない」豊富なバリエーションで植物ファンを魅了する

コロナ禍で高まったインドアグリーンの需要

私たちの店舗はジャングル化を含めたVMDに取り組んでからは、若年層の顧客が非常に増えたという印象があります。そして、2020年にコロナによるパンデミックが起き、4月に緊急事態宣言が発令されたことで、その流れにさらに拍車がかかりました。発令されたことで集客が減少することを心配していたのですが、実際はその逆の動きが起こったのです。

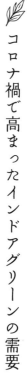

不要不急の外出ができなくなり、家で過ごす時間が増えたことにより、以前から増えていた若年層を中心に、自宅で観葉植物、インドアグリーンを育てて楽しむという流れがより一層高まっていきました。緊急事態宣言が解除されると、私たちの店舗はまるで原宿の竹下通りのような状態になり、ファッショナブルな若者であふれかえり、その光景を見た私は驚いたものです。SNSを見たのか、雑誌やWebを見たのか、具体的な来店要因はよく分かりません。

若年層に特に人気が高かったものは、小さな観葉植物や、コレクション性の高いサボテンなどです。ファッションに敏感な彼らにとって、グリーンもまたファッション感覚で楽しんでくれるものになったのかもしれません。彼らは店舗の様子を自身のインスタグラムやYouTubeにどんどんアップするので、それによりさらに若年層へと拡散していき、集客へとつながっていきました。

私たちにとってうれしかったことは、コロナ禍をきっかけに来店した若年層が店舗の顧客としてある程度定着してくれたことです。これこそまさに私たちが望んでいた、初心者から中級者へと、だんだんと植物の魅力にはまっていく流れに違いありません。それを実現できたことは、ジャングル化により植物に詳しくない人でもワクワクする店内をつくれたことが大きな要因だったと思っています。

また、子ども連れの家族を中心に家庭でハーブや野菜を育てるという需要も増加しました。キッチンでバジルやパセリなどのハーブを育てたり、ベランダで小さな野菜を育てたりして、料理に使うという動きも見られました。こちらも継続して通うようになってくれた家族がたくさんいます。

コロナ禍により集客が減少すると不安に思っていた私ですが、ふたを開けてみれば前年比１５０％増の売上となり、さらに新たな顧客も獲得することができました。さらに年々縮小を行っていた日用品とペット用品のコーナーを、この機会に完全に撤廃し、そのぶんを植物と一緒に売れ行きが上がっていた園芸資材のコーナーなどに変更しました。こうしてコロナ禍は私たちの店舗が「園芸店」へと戻る、大きなきっかけになったのです。

ニーズを察知して仕入れを変える

以前は、園芸店のメイン顧客層といえば郊外で庭付き戸建て住宅に住む主婦をはじめとする中高年女性や、定年後の男性でした。それがコロナ禍をきっかけにして若者が自宅でグリーンを楽しむという流れが生まれたことに強い喜びを感じています。

さかのぼると約10年前にはボタニカル男子・女子と呼ばれ、植物を愛する若者が一時的にブームになったことがあります。この頃も、観葉植物を育てるだけでなく、サボテンなどの多肉植物をインテリアの一部として楽しむ層が出てきたことが強く印象に残っています。

私はこのようなライフスタイルの変化やグリーン需要の変化を敏感に察知して、仕入れを変更するようにしています。ニーズをつかむために私がしていることは、街に出て雑貨屋やショッピングセンターを回ることです。園芸店にはあまり行きません。最近はおしゃれな雑貨屋などに小さくておしゃれな植物が置かれているので、そういったものをチェックすることで若者の需要を察知することができると考えているからです。

また、雑誌もよく読みます。特にインドアグリーン、観葉植物は若者向けのおしゃれな雑誌で取り上げられることが多く、私の会社にも取材依頼が多数来るので、雑誌編集部の人がどういう植物に興味をもっているかなどは会話のなかから読み取るようにしています。

雑誌やテレビなど、多くの人が見るメディアには目を通すようにしています。まずは王道、マスの需要をしっかりととらえたうえで、細部に入り込んでいくことを意識しています。細部だけを意識するとニッチすぎて売れなくなってしまうので、マスのなかにマニア心をくすぐるニッチ部分をつくっていくことが大切です。

世間の動向の変化をできるだけキャッチして、仕入れに反映するようにしています。園芸店は日常の仕事を続けていると、市場から一般的などこにでもある植物しか入ってきません。意識してリサーチから仕入れまでの行動を変えていかなければ、品ぞろえも変わることはないのです。

若年層を重視した売り場のつくり方

私たちの店舗の1階は郊外の庭付き戸建て住宅に住む中高年女性をメインターゲットに、花苗や野菜苗、宿根草などを展示し、イングリッシュガーデンに興味がある人を引き付けるような売り場にしています。

一方で2階は若年層のボタニカル男子・女子と呼ばれる人たちも楽しめるように、ジャングル化した観葉植物のなかにテーブルやソファーなどの家具や雑貨も置き、「暮らしのなかにあるグリーン、植物のあるライフスタイル」を想起させる売り場になっています。観葉植物などは店舗で見たときと、実際に家に飾ったときではサイズ感のイメージが異なることがよくあるので、雑貨を置いておくことで「自分の家に置いたときにどうなるだろう」ということが分かりやすくなる効果もあります。

植物のあるライフスタイルをイメージしてもらうことはとても重要で、それがそのまま購入につながることがよくあります。そのため、テーブルの上に鉢物のかわいい花を飾ったり、玄関まわりや庭の風景をつくったりして、いかにシーンを伝えられるかもＶＭＤを実施するうえで重要なポイントになると考えています。

コロナ禍を経験して、私は「園芸業界を若年層からいかにして興味をもたれる業界にするかはとても重要なことだ」と強く実感しました。高齢層ばかりになってしまって若者から見向きもされない業界は、顧客が時間経過とともに減っていくため、やがて消滅してしまいます。

若年層を顧客としてつかむことができれば、子ども連れで店舗に来てくれて、その子ども幼少期から植物に触れることで好きになり、植物が生活のなかにあることが当たり前の感覚になり、次の世代へもその文化は受け継がれていきます。本場ヨーロッパはまさにこの流れが明確にできているのです。

私自身も生まれたときから両親が園芸店を営んでいて、たくさんの樹木や植物であふれているような家で育ちました。子どもの頃から土や植物に触れた経験は、今の私が植物好きであることに大きく影響していることは間違いありません。小学校でも夏に朝顔などを育てますが、さらに家庭のなかで両親と植物を育てた、愛でた経験は子どもにとって、とても豊かな経験になるのです。

そこで2階のジャングル化した観葉植物コーナーは、特に若年層、そして次の世代の子どもへと植物のある暮らしをつなげられることを意識して、売り場づくりをしています。ヨーロッパのガーデンセンターには、子ども用のガーデンコーナーが必ずと言っていいほどあります。そこには子どもも園芸を楽しめるように、子ども用の園芸グッズや簡単に育てられる種などがそろえられています。私たちの店舗もそこは今後充実させていきたいと思っています。

現在は、観葉植物コーナーに隣接して書籍を販売しているところがあり、そこには植物や園芸に関する絵本などをそろえています。まずはこのような子どもが楽しみやすいところから植物に触れてもらって、そこから少しずつ植物の「沼」を楽しんでもらえればいいなと思っています。

野菜苗は子ども連れの家族が楽しみやすいものであり、子どもと一緒に購入するシーンをたくさん見ます。店舗ではトマトだけで100種類以上の品種を取り扱っているので、子どもが「今年はこれにする」とお母さんに話している姿を見ると、とても幸せな気持ちになるものです。いかにこのような幸せなシーンをたくさんつくれるかを意識して、品種をそろえたり、子どもでも育てやすいものを集めたりと、工夫しながら売り場をつくるようにしています。

選択と集中
BtoBよりもVMDの売り場づくりに専念

2018年からリブランディングを始め、会社の改革を進めてきたなかで、コロナ禍はさらにその動きを加速するきっかけになりました。ただ、私は2020年に売上が増加した状況を見て、「これが長続きすることはない。次の策を考えよう」と次を見ていました。

私たちの使命は「花や緑のある豊かな生活を浸透させること」であり、本物の園芸店として、その価値を提供していくことです。そこで私は、それまでに決して少なくない売上を上げていたＢtoＢの企業向け植物リースの仕事をそのときに撤退して、ネット販売も大幅に縮小し、そのぶんの人材やコストなどのリソースを改めて店舗の売り場づくりに振り切ることを決めました。「FUN」「AUTHENTIC」「NATURAL」、この３つのキーワードをより詰め込んで、ＶＭＤを一層強化した売り場をつくることに徹底して注力しようと考えたのです。

ＢtoＢの事業は企業にとっては、定期的にまとまった売上を安定収入として得られるものであり、これを手放すことは痛く、実際はとても悩みました。時代の流れのせいか、この事業はとても伸びていて、売上も上がり続けていたからです。しかし、その影響で少しずつ売り場づくりからＢtoＢへとリソースが割かれている状況があり、私は会社の「軸」であるＶＭＤを駆使した売り場づくりが少し弱くなっていることを感じ、危機感を覚えていたのです。

ワクワク感が以前より薄まっていることを実感した私は、社内でも幹部社員と話し合いました。その結果、安定的な売上と、私たちの肝であるＶＭＤによる売り場づくりを天秤《てんびん》にかけて、もう一度売り場づくりを強化しようという話でまとまりました。目の前にある

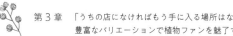

売上は捨ててでも私たちの「軸」を大切に、より強固にして、全社一丸となって誰もが心からワクワクする売り場をつくることができれば、そのぶんの売上以上のものを得ることができると思ったのです。

私の会社はチェーン展開しているホームセンターのような大きな組織ではありません。1店舗しかない、小さな組織です。だからこそ、自分たちの最大の強みをしっかりと把握して、そこに選択と集中をして取り組まなければ、顧客に本質的な価値提供はできないものだと思います。

経営をしていると、売上が少し上がるといろいろなことに手を広げたくなる誘惑にかられるものです。過去の私自身がまさにそうで、その結果、小さな組織はリソースが分散されてしまい、最大の強みが薄く、弱くなり、全体の売上が下がっていくという状況を招きかねません。そのため私は今も定期的に見直しをして、集中するべきことを見定めるようにしています。

父の代から続く「品ぞろえ」へのこだわり

ワクワクするような売り場をつくるために欠かせないことは、父の代からこだわり続けてきた「品ぞろえの豊富さ」です。私はこれこそが私たちの店舗の大きな強みであると理解しているので、いかにこの強みを消さずにビジネスモデルを変えることができるかに取り組んできました。たとえどれだけ時代に合ったビジネスモデルを考えることができたとしても、私たちの強みを活かせないものであれば他社に勝つことはできないと確信していたからです。

父は顧客から要望があったものは、たとえ一品であっても仕入れて備えようと考えていました。「お客様の要望に応える」ということが第一の理念としてあり、「オザキフラワーパークにない植物はない」と言われるような状況を目指して邁進《まいしん》してきた姿を間近で見てきました。

品ぞろえを豊富にして、扱う点数を増やせば増やすほど、店側の管理は大変になります。人材もコストもかかるため、組織のスリム化を考えるのであれば品数を絞ったほうがよいに決まっています。しかし、父はそのコストよりも、顧客に満足をしてもらえれば、それ以上の売上や結果はついてくると信じていました。

それは実際に園芸業界が右肩上がりで成長を続ける１９９８年までは言葉どおりの結果を出していて、間違っていないと私も思っています。そののちに業界全体の需要が減少すると「品ぞろえだけでは厳しい」ということが分かり、私は新たなビジネスモデルの改革へと踏み切ったわけですが、それでも私たちの店舗のベースとして「豊富な品ぞろえ」があることは父の代からぶれることは一切ありません。私がやっているVMDは豊富な品ぞろえを活かし、それがあるゆえにインパクトのある売り場をジャングル的につくることができるというものです。

父と母は経営の一線から退いた今もなお、品ぞろえに対しては強いこだわりを持ち続けており、売り場を見ては私に対して「あのコーナーが品薄になっている」と伝えてきます。2人からは「目の前の売上よりも、徹底したお客様視点」の大切さを、今も学び続けています。

最初は「多肉植物の聖地」から始まった

市場に通い続けていれば、表面的な植物はひととおり仕入れられるものです。しかし、それでは他店と大きく変わらずに、競争から抜け出すことはできません。東京都内の植物関連の市場は限られているので、市場だけで品ぞろえに差別化をすることは簡単にできることではないのです。

その点、父はセントポーリアなどの品種を全国の市場や生産者から集め、こだわりの品ぞろえで売り場をつくっていました。この花は１９７０～80年代に大ブームになり、その後は需要が減っていったのですが、父はブーム時にそろえたたくさんのセントポーリアの品種を守り続け、さらに日本全国からあらゆる品種を集め続けていました。そうすると、やはりセントポーリアのファンやマニアの方はいるものなので、遠くからも買いに来てもらえることがよくあったのです。

それを見ていた私は、自分が社長になってからは品ぞろえをさらに強化したいと思っていました。父のセントポーリアをヒントに、例えばサボテンというカテゴリーのなかにも柱サボテンや玉サボテンなど細かなジャンルがあるため、そこを掘り下げてそろえていくなど、まだまだ強化できる余地がたくさんあると考えたのです。

そして社長に就任した２００７年頃に、それを実現しました。サボテンをはじめ多肉植物と呼ばれるものを徹底して集めてキャンペーンを行い、大々的に宣伝をすると、東京だけでなく全国へとそのブームが広がっていったのです。

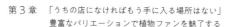

その頃に私たちの店舗は「多肉植物の聖地」と呼ばれるようになり、そこからさらに品ぞろえを強化して「植物の聖地」とまで称されるようになったのです。全ては品ぞろえの豊富さ、そして父が原点にあり、生まれたものです。

私もその精神を確実に受け継いでいます。現在、母の日の「3大売れ筋植物」は、カーネーション、アジサイ、そして胡蝶蘭です。特にアジサイに関しては、世の中に出ている全ての品種を集めるほどにそろえています。そこまで取りそろえているため、多くの顧客は「オザキフラワーパークにないのであれば、ほかにもない」と諦める状況にまでなっているのです。

私たちにとって「豊富な品ぞろえ」は、ボウリングでいえば絶対に外してはならないヘッドピンのようなものです。どのようなビジネスモデルを展開するにせよ、常にそれがトップの位置にあるということを頭において考えるようにしています。

こだわりの強いスタッフが仕入れを行う

キャンペーンをどのカテゴリーに絞って行うかについては、私は常に社員と「どの植物が今は面白いか、注目を集めそうか」と話し合って考えています。社員はもちろんのこと、私も日頃から店内を歩き回って、顧客の声に耳を傾けているので、「リアルな現場の声」は店舗内でたくさん収集することができるのです。この生の情報が最も早く、正確です。

また、植物の生産者とのコミュニケーションも重視しています。生産者は市場とやり取りをしているため、植物に関する全体的な需要の変化をとらえています。信頼関係ができていると「最近、このあたりの植物が少し動いてきているよ」などと教えてもらえるので、そういった情報もヒントにすることがあります。

園芸店の多くは市場だけを介して仕入れをしているため、生産者とのつながりがほぼありません。その点、私の会社は貴重な植物を仕入れるために全国の生産者とのつながりがあるため、さまざまな情報が入ってくるところも大きなメリットになっています。

マーケットの情報をつかんだからといって、どの園芸店も大々的に種類をそろえてキャンペーンを仕掛けることができるわけではない、というのが現実です。例えば、一時的に日本全国で大ブームになり、その後も私たちの店舗では売れ続けたセントポーリアは、「１つの店舗で確実に売れ続ける」という状態ができていて、確実なマーケット情報があるのだから、他の店もそろえれば売ることはできると思います。でも、実際に全国から品種をそろえて販売を続けていたのは、私たちのみという状況なのです。

それがなぜかと言えば、多くの園芸店はそこまで品ぞろえにリソースを割くことができないからです。植物は季節性の激しい商品のため、常に仕入れる植物が入れ替わり、１年間を通して定番として残せる植物はほんのわずかです。つまり、業務として常に入れ替えの作業があり、１品目だけに力を割いて全国から集めるという作業をすることは通常ではなかなかできないのです。

入れ替え作業が常にあるのは私たちの店舗も同じことであり、むしろ一般的な園芸店よりも種類が圧倒的に多いため、その作業量も膨大です。それでも私たちができる理由は、父の代からの品ぞろえに対する強烈なこだわりに加えて、植物を心の奥底から愛しているスタッフばかりが入社してくるからです。

サボテンやセントポーリアなど、スタッフそれぞれに猛烈な熱量をもった植物というものが存在します。それを全国からそろえるとなれば、そのスタッフは進んで陣頭指揮をとり、多忙な毎日を送りながらも嬉々《きき》として収集に努めます。こだわりのある人間は仕事の枠を超えて、植物の面倒を見るものです。私が指示を出す必要はもはやなく、勝手に自走して、消費者が喜ぶキャンペーンを展開してくれるというわけです。そのスタッフに後日、「そろそろサボテンのキャンペーンは終了しようか」と提案しても、「いえ、まだ……」と仕事を手放そうとしないから困っているほどです。

ここは属人化している部分ではありますが、企業にとって重要なことは「ビジネスモデル」「仕組み」、そして「人」なので、こだわりのある人間を集めることも重要な戦略だと考えています。

新入社員も全員が商売人になる

全社員が品ぞろえに対してこだわりをもつためには「好き」に加えて「一人ひとりが商売人」という感覚を植え付けることも重要です。私の会社は、入社して3カ月の研修を終えると、最初は小さなスペースでも仕入れから維持、管理、販売まで、全てを担当してもらうようにしています。

自ら調べて、厳選して仕入れて、販売するまでの行為を社員自身が楽しんで取り組んでいなければ、消費者にもそれは伝わってしまうものだと私は思っています。入社してすぐの頃は、植物への愛があっても、特定の植物に思い入れがある社員ばかりではありません。それでも仕入れの面白さやワクワク感は、仕入れた人間のそれと比例しているのです。

私は仕入れや販売に関して新入社員に対して細かいことは何も言いません。大まかな方向性の指導などはきちんとしますが、「これを仕入れるように」とか、「こんなにたくさん仕入れたから売れ残ったんだ」と責めるようなことは一切言わないようにしています。

私が言うことはただ1つ、「自分で仕入れたのだから、責任をもって売り切ってください」です。これはオランダで私自身が花屋でやっていたことそのものです。誰かから何かを言われたわけではなく、自分でマーケットを調べて、仕入れをして、どうしたら売れるかを考え続けていました。それで売れたときの喜びはひとしおですし、売れなかったときの悲しさも自分自身が背負うしかありません。

この経験こそが私を経営者、商売人として育ててくれて、より一層、園芸店や植物に対する愛情も育ててくれたと思っているのです。それを全社員にも経験してもらうことで、私の会社は商売人で構成された、とても強い組織になるはずです。

人は、誰かから指示されたことをそのまま実行するよりも、失敗をする可能性があったとしても自分の頭で考えて行動することのほうに責任ややりがいを感じるものです。そのうえ、失敗しても怒られないのだから、社員は商売の喜びを存分に味わうことができて、成長していきます。

「2：8の法則」の「真逆」で構成する売り場

「2：8の法則」というものがあります。一般的な園芸店は「全体のうち2割の人気商品で、総売上の8割を稼ぐ」ビジネスモデルになっています。要は、売れる商品はだいたい限定されていて、それればかりが集中して売れるという状態があり、多くの園芸店は人気商品を集めることで売上を確保しているのです。

これは最も効率の良い方法といえます。人気商品だけはとにかく品切れがしないようにそろえておけばよいのですから、他の仕入れや管理にリソースを割く必要がなく、ある程度の売上を確保することができます。そうすると、必然的にその園芸店は2割の人気商品ばかりを取りそろえるようになり、店内はその商品で埋め尽くされて、その商品でスペースの8割が埋まるようになります。つまり「売れない商品はほぼ置かない」という状態になるのです。

これが悪いと言っているわけではありません。ただ、多くの園芸店は同じビジネスモデルをとっていて、売れる2割の人気商品はどこもだいたい同じなので、他店と差別化することは絶対にできません。「そのお店だから買う」という理由にはならないわけです。そうなったら比較検討の要素は価格が強くなり、他の店より抜けるためには、安くするしかありません。そうすると、経営が逼迫していくことになります。

一方で私たちの店舗は、完全に真逆です。売れる2割の商品は、全体スペースの2割にしか置きません。それで売り場を埋め尽くすということは絶対にしないのです。その代わりに、人気商品以外の宿根草や山野草などの8割をしっかりと取りそろえ、売り場を構成します。これは父のときからそうですが、私が社長になって以降、さらに明確に売れるか分からない商品もきちんとそろえて売り場を構成するようになりました。

とても非効率な方法ですが、こうすることで他の園芸店やホームセンターと差別化をすることができて、ますます「オザキフラワーパークに行けばなんでもそろう」と、品ぞろえに対する評判は上がっていきます。たとえ非効率であってもオンリーワンの存在になることが最大の価値であり、生き残り戦略であると私は考えています。

それは私がホームセンターで働いていたことが大きく影響しています。ホームセンターは分かりやすく売れ筋の商品しか置いていません。2：8の法則を徹底しているのです。「売れる売り場をつくる」ことが最優先事項であり、選択と集中をしたその人気商品を大量に仕入れることで他店よりも安く出すことができて、価格優位性が生まれるため、選ばれる店になるという戦略です。

はっきり言ってしまえば、私はそういう売り場を見ても「面白くない」と思ってしまいます。私自身もホームセンター時代にそのような売り場をつくっていましたが、バイヤーとしては何も面白くないわけです。自分の頭で考えて仕入れるのではなく、売れるマーケットデータに則《のっと》って本部から与えられたリストのなかから業務的に仕入れるのだから、そこに面白さを私が感じることはありませんでした。

私は小さな組織で働くうえでは「働く人間にとっての面白さ」がとても重要だと考えて

います。一人ひとりが商売人の視点をもって働かなければホームセンターのような巨大組織には勝てません。商売人の視点をもつためには自らが「楽しい、面白い」と思うことが不可欠です。そうやってその世界にのめり込んでいき、そこにかけた時間や熱量、思いで差別化をすることができるのです。

品ぞろえで重視する3つのキーワード

私の会社は、現場のスタッフが顧客から直接、「この植物を仕入れてほしい」と言われたものは、たとえ一品であっても誠意をもって応えるということが鉄則になっています。そのため、顧客の声が必ず反映される体制になっているのです。

顧客の声を聞く手段は直接対面だけではありません。私の会社では、年に2回、会員向けに有料会員セールの案内をはがきで送付しています。目的は顧客満足度を数値化することであり、満足・やや満足・やや不満・不満の4段階評価とともに、自由に要望を書いて返送できるようにしています。

返送されたはがきのなかには一定数で要望の記載があり、「この植物を置いてほしい」という品ぞろえに関するものが大半を占めます。そういう声もまた顧客のリアルな声であり、わざわざ書き込んでまで伝えてもらえている強い要望なので、しっかりチェックするようにしています。

品ぞろえを実際に行う際は「美しさ」「便利さ」「楽しさ」の〝3つのキーワード〟を掲げています。1つ目は、美しい植物をそろえることです。植物の専門店、本物の園芸店として人々の生活を豊かにする質の高い植物を仕入れようというスタッフへのメッセージです。

質の部分は全社で統一した考え方をもっていなければ、簡単に崩れてしまうものだと私は実感しています。商売というものは基本的に安く仕入れて高く売ることで利益を出すものです。そのため、ここを常に頭の中においていないと、つい安くて質の低い植物を仕入れてしまうということになりかねません。

植物の世界は、質の高くないB級品やC級品が多数出回っています。パンジー1つとっても、500円の質の高いパンジーが売られているかと思えば、10円、20円で取引されるようなものもあります。実際は違う品種のものですが、一般にはどちらもパンジーとして出回っているものです。

その状況に対して、経営者の私が「質よりも売上をとろう」というメッセージや態度をとったりしたら、現場のスタッフは敏感にそれに従い、たちまち安いパンジーを仕入れて高く売り、儲けに走ろうとするでしょう。それで一時的に売上が伸びたとしても、品質の悪い植物を売る店になってしまったら、客足は一気に遠のくことは目に見えています。そして、一度なくした信頼は大きく、顧客が戻ってくることは二度とないでしょう。

私たちの店舗に来る顧客は植物を愛し、美しく質の高い植物を求める人が大半です。だからこそ、少し値段は高くなったとしても、顧客が求めている、美しい商品を仕入れることはとても重要な戦略なのです。ここには徹底してこだわり続けなければなりません。

「美しい」や「質の高い」という基準は曖昧なところがありますが、そこは現場のスタッフに任せています。私の会社で働いているスタッフは心から植物を愛していると自信をもっているからです。また、本当に美しい植物は生産者の直売で売られ、市場に出てこないことがあるため、生産者との連携を密にしておくことが重要であり、そのためにスタッフは全国の生産者のところに直接出向き、関係性をつくることも大切にしています。

２つ目の「便利さ」は、顧客の要望に応えようというメッセージです。例えば、野菜苗のなかで今いちばん人気のあるバジルを店舗に買いに来たのになかったとなったら、これは最悪の状態です。珍しい品種ならまだしも、最も人気がある商品が「植物の聖地にない」という状態はあってはならないことなのです。顧客の気持ちの落胆は大きく、次からは他の園芸店へ行ってしまうかもしれません。

売れ筋商品は欠品状態にはせずに、必ずそろえておくことは「便利さ」を体現するうえで欠かせない要素です。この状態をキープすることで、植物で暮らす豊かな生活を実現するうえで私たちの店舗は欠かせない存在であることを訴求することができると私は思っています。

3つ目は「楽しさ」です。店舗に行ってみたら売れ筋商品があることはもちろん、見たこともない植物との出会いや、「植物ってこんなにきれいだったんだ」といった新たな発見ができる、そんな場所を目指しています。

植物の世界は常に次から次へと新品種が生まれ続けています。ここがまた「沼」にはまる要素でもあり、植物を愛する上級者やマニアたちにとっても「これで満足」という終わりがない世界なのです。新たな植物との出会いを実現するためにも、いつも同じ植物ばかりを仕入れるのではなく、私たちも常に勉強をして、新しい情報を収集し、それを仕入れにつなげることを意識しています。

とはいえ、どこまで仕入れるかは頭を悩ませる部分でもあります。植物は数えきれないほどの種類があり、さらに新種が生まれ続けている状況なので、「何を仕入れて、何を仕入れないか」は私やスタッフがしっかり考え、線引きをしなければなりません。

そのための基準となるのは、やはり「世の中の反応、お客様の声」です。例えば以前は塊根植物が一時的なブームになり、50万円ほどする高額なものを仕入れても売れる状態が続きました。それからさらに１００万円ぐらいまで値上がりしたところで動きが収まったので、需要のピークを越えたと判断し、他の植物の仕入れを強化するようにしています。私やスタッフが視野を狭くしてマニアックになっていくのではなく、常に商売人として、マーケット感覚を持ち続けることを忘れてはいけません。

千葉大学園芸学部とのつながり

私たちの店舗のＶＭＤ魅力づくりに関してユニークな部分を挙げると、日本では珍しい園芸学部をもつ千葉大学とつながり、独自の商品づくりを依頼しているという点があります。千葉大学が生産するペチュニアという植物の品種はとても強く、優秀なため、それをもとにしてよりサイズの大きいものに植え付け、生産管理してもらい、それを店内に展示することでＶＭＤの効果を一層高めることに役立てています。

これを始めたきっかけは、千葉大学園芸学部の教授と縁が生まれたことでした。ジャパンフラワーセレクション実行協議会（日本花普及センター）が毎年開催する、最も優れた花卉《かき》の新品種を選ぶ「日本フラワー・オブ・ザ・イヤー」というコンテストがあり、各分野から審査員が選抜されます。審査員として千葉大学の教授や小売販売代表の私が選ばれて、意気投合し、生産受託管理を共同で行うようになったのです。

日本フラワー・オブ・ザ・イヤーはとても面白いコンテストで、さまざまなメーカーが開発した植物の新品種が出品され、その品種を私たち審査員が千葉大学園芸学部の施設で3〜4カ月かけて、生育具合を観察します。それをもとにして審査員が「これはマーケットで売れそう」「独自性がある」などの観点で点数をつけて、評価をし、優秀な品種「フラワー・オブ・ザ・イヤー」を決めるというものです。

審査員は私を含め、全員が植物に造詣が深い、ある種のマニアなので、ともに過ごす数カ月間で「最近はこんな品種が出てきて人気らしい」「海外ではこうなっている」など、さまざまな情報交換が行われます。ちなみに現在は世界全体で流行する植物はだいたい同じものになっており、コロナ禍では多くの国で、家庭で楽しめる観葉植物がブームになりました。

また、そこでは新品種のアイデアに関する雑談もあり、「最近の日本の夏は以前よりも暑くなっているから、暑さに強い品種を開発したら売れるのではないか」など、話が尽きることはありません。

こういった最先端の情報も確実に店舗の品ぞろえのヒントにしていますし、千葉大学との生産依頼にも役立てています。ここから生まれたペチュニアは今も店舗の看板商品になっています。

植物と園芸資材をセットで売るには？

他の園芸店を見てみると、「園芸資材はホームセンターなどに任せて、うちでは扱わない」というところもありますが、とてももったいないことだと思います。顧客からしてみれば、観葉植物を買うときに一緒にその植物に必要な土や肥料、スコップなどの園芸資材も購入したいと思うものです。観葉植物と資材は同じ店舗内で扱うことで売上は相乗効果で伸びていくのだから、その機会をみすみす捨ててしまうことは、園芸店にとって悪手です。

ただ、園芸店は資材を一緒に売れば儲かるという単純な話ではないことも確かです。本来、顧客が園芸店に求めているメイン商品は植物です。いきいきとした魅力的な植物がたくさんあるからこそ園芸店に行き、購入するのです。

そのなかで園芸店が園芸資材を取りそろえようとすると、どうしても植物のスペースを侵食して、植物の取り扱い点数が減ってしまうことになります。そうなると園芸店の本来の魅力である植物の力を発揮することが難しくなります。園芸店に来る顧客は、もっと植物のことを知りたいし、新たな植物に出会いたいのに、そことのマッチが資材により困難になるのです。

現在、売上に伸び悩んでいる園芸店は、まずは「植物を売る」ことに注力するべきだと私は思います。植物と園芸資材はセットで売れて相乗効果で伸びていくものであっても、この優先順位を間違えてはいけません。植物が売れないのに資材は売れるという園芸店はまずないでしょう。

植物が売れれば園芸資材も自然と売れるようになり、売り場の最適なバランスや構成比もだんだん見えてくるはずです。プラスであげられる可能性のある売上をホームセンターに任せてしまうのではなく、そこの売上も園芸店がきちんととるためにはどうするべきかを考えることをお勧めします。

植物と園芸雑貨はセットで売れる相乗効果を最大化

最近、私は新たに仕入れ先を開拓するためにインドネシアのバリ島へ行ってきました。観葉植物だけでなく、植物に合う雑貨を見つけるためです。バリ島は独自の雑貨が豊富にあり、製造する職人もたくさんいて、ストリートには何キロにもわたり、雑貨の問屋が立ち並んでいるほどです。

若者がインテリアとして観葉植物を楽しむようになった影響か、近年は植物と雰囲気が合う雑貨とセットで購入する人がたくさんいます。バリ島で新たに仕入れてきたところ、それも飛ぶように売れていきました。

私たちの店舗では現在、観葉植物と関連雑貨が最もよく売れる2大看板になっています。VMDにこだわりジャングル化をして、周遊型の店舗にしているため、植物を買って終わりではなく、その植物に合った園芸雑貨も合わせてセットで購入してもらえることが多々あるのです。

ジャングル化をして観葉植物が売れるようになると、園芸雑貨や関連資材の売れ行きも同じように伸びていきました。雑貨や資材に関しては特段、何かを変えたわけではありません。そのときに私も「植物とセットで買われることが多いため、植物が売れればそこの売れ行きも肩を並べて上がるのだ」と初めて気づきました。

それに気づいてから、社内の制度を少し変えました。以前は植物部門と園芸雑貨部門の打ち合わせや面談は別々に行っていたのですが、そこが連動していると分かってからは、必ず一緒に行い、コミュニケーションをとることに変更したのです。もちろん、さらに相乗効果を上げ、売上を最大化するためです。

ただ、植物部門と園芸雑貨部門は水と油といいますか、相性が悪いところがあるものです。それは植物のところに雑貨や資材を置くと、水やりの際に商品が濡《ぬ》れて売り物にならなくなってしまうことがあるからです。それでも私は植物と雑貨の売上は相乗効果で伸びていくことがデータから分かっていたので、水と油の関係であってもどうしたらうまくお互いの良いところを引き出して、最高の形を取ることができるかを担当者とともに考え続けました。


最初こそは扱っている商品が植物と雑貨とまったく異なるため、同じ場に担当者がいても話がなかなかかみ合いませんでしたが、私が間に入って「どうしたらさらに相乗効果で両部署の売上が上がるか考えよう」と提案し、少しずつ歯車をかみ合わせていきました。

そして現在は植物部門と園芸雑貨部門が常に密に連携を取り、面談も行い、コミュニケーションを取りながら仕入れや販売戦略を立てていきます。そうするとお互いに「今はこういう植物が売れているから、これに合う雑貨を仕入れてほしい」や「この雑貨が人気だから、雰囲気が合う植物をアピールしてほしい」など、売上を上げるためにさまざまな意見が飛び交います。

双方が協力して取り組むことで売上が上がるということが目に見えて分かっているので、私がいなくても勝手にコミュニケーションを取って、さまざまな戦略を練ってくれるようになりました。

10万種類の商品管理術

私たちの店舗は年間10万種類という膨大な数の植物を取り扱っています。種類でこれだけの数があり、総アイテム数にするとさらに増えます。例えば、ポトスという植物の種がありますが、ポトスにはマーブル・クイーンやエンジョイなど、さらに細かな区別があるので、これらも分けると年間で数十万アイテムを取り扱っていることになります。

現在の植物部門の社員数はアルバイトも含めて約40人で、その人数でこれだけの数の植物を枯らすことなく、元気な状態に保ち続けなければなりません。これだけの豊富な品ぞろえをキープするには、さまざまなことが自動化されていると想像するかもしれませんが、実態は異なります。

基本的に水やりや肥料などのメンテナンスは社員が人手で行っています。これは少しでもサボると植物の質はすぐに下がってしまうからです。特に水やりは大切で、園芸の世界では「水やり3年」と呼ばれるほどに職人芸の世界です。

以前、あまりにも膨大な種類であるがゆえにメンテナンスの手間がとてもかかるので、水やりの自動化の案が出たこともあるのですが、結果として「自分たちでやる」ということになりました。それは決して私が強制したわけではありません。

水やりは職人芸であり、植物を愛している人間にとっては誰かに簡単に任せられるものではないからです。経営者の私から見れば、自動散水などを設置したほうが、水やりの手間やコストにかける人件費と比べれば安く抑えることができるため、そういうアイデアを定期的に出すのですが、最終的にいつも現場のスタッフは首を縦に振りません。

特にジャングル化した観葉植物コーナーは、さまざまな植物が入り込んで並んでいるため、水やりを自動化することが難しい点もあります。植物の水やりは、どれも同じようにバーッと水をかければいいというものではなく、同じ品種であっても、生産者によって土の種類が異なることなどもあり、水やりの方法が変わってくるほどに複雑な世界なのです。

スタッフの水やりに対する強いこだわりを見ると、やはり私の会社で働く人間が心から植物を愛していることを実感します。普通に考えれば、会社員は企業がシステムを導入して自動化し、自分の仕事の手間が省け、効率化されることに対して喜ぶものではないでしょうか。でも、彼らはそうではないのです。

新入社員のときから仕入れから管理、販売までを1人の商売人として任せているので、自分が担当する植物コーナーに対して全員が強いこだわりをもっています。もう少し効率化したいと考える経営者の私からすると悩ましいところではありますが、「美しい、品質の高い植物をそろえるんだ」と私自身が常に言っているので、なかなか変えることはできません。こだわりと愛情を強くもったスタッフが管理を終始一貫して続けることが、より質の高い植物を育てることになるのは間違いのない事実だからです。

そこまで徹底してスタッフ自身が管理していると、長年働いているスタッフは「植物のドクター」のような専門家的な存在にまでなっていきます。どの時期に害虫が発生しやすいか、どの状態になると病気になるかなどが分かるので、その知見をもとに薬剤の散布をするなどして、質の高い状態がキープされています。

このように植物を心から愛するスタッフが私の会社に集まってきてくれることも、2018年から実施したリブランディングが大きく影響していると感じます。私たちが大切にしているメッセージを明確にして以降、より一層、植物愛の強い社員が入社するようになりました。改めて企業が自分たちの旗を立てること、ブランディングを行うことの重要性を実感しています。

直感とシステムの両立

植物に愛とこだわりをもって育ててくれるスタッフに感謝しつつも、属人化で終わらせるだけでなく、できる範囲でシステム化の部分も少しずつ進めていきたいと考えています。私の会社にはシステム部門もあるため、両方をうまくミックスすることで、会社のリソースをより最大化、最適化するための方策を検討しているところです。

品ぞろえを豊富にするということは、それだけ商品管理が大変になります。園芸の雑貨に関してはほぼ全てをコンビニやスーパーマーケットのようにバーコード管理しているため、煩雑さはありませんが、一方で、植物の場合は入れ替わりが激しいため、バーコードで一つひとつ管理することはまだ完全にはできていません。

そうなると、スタッフでさえもどこに何があるか分からない状態になってしまい、混乱を招きかねません。そこで現在はできる限り、植物にもバーコードを1つずつつけるようにして、管理しやすいシステム環境をつくりこんでいっているところです。

ただ、システム化には難しい点も感じています。現在は売上管理や販売予測などもデータ化することができるので、私の会社でもそこを進めているのですが、データ化を進めれば進めるほど、会社の最大の武器であるジャングル化をはじめとするＶＭＤによるインパクトが薄れてしまうと感じるからです。

ＶＭＤで私が大切にしていることは、思わず「Ｗｏｗ！」と声をあげてしまうほどの驚きとインパクトがあることです。ここに数字によるマーケティングデータを絡めていったところ、顧客から「前のほうが面白かった」と書かれた手紙が届いたことがあり、大変なショックを受けました。

指摘されてハッと気づきましたが、そのとおりです。以前の私は見た目や直感だけを重視してジャングルをつくりこんでいたので、顧客を「Ｗｏｗ！」と驚かせる自信がありましたが、数字やデータが入り込んだことで直感が薄まってしまっていたのです。

そこで今は数字やデータと直感をいかに両立、融合させて、最高のＶＭＤをつくりこむかを課題に考え、売り場を構成しています。今の時代において、データやシステムは便利なものに間違いはなく、簡単に捨ててよいものではありません。

大切なことはバランスです。直感だけに振り切るわけでも、データやシステムだけに振り切るわけでもなく、両方を融合させながら、さらに進化させたＶＭＤや品ぞろえを展開していきたいと思っています。このバランスを最適化できたときに、最高のＶＭＤが実現できて、さらなる店舗展開も見えてくると考えています。

難しい需要予測と品ぞろえ

園芸店は母の日やゴールデンウィークなどの物日で大きく動くと書いたように、販売の山場というものが必ずあります。そこで売上を最大化するためには、品ぞろえ、商品管理がとても大切なポイントになります。

大前提は、売れ筋商品を絶対に欠品させないことです。これをしてしまうと、「植物の聖地には必ずある」と思って来店された顧客の期待を裏切ることになってしまいます。母の日であればカーネーションなど、必ずそのイベントの売れ筋商品があるので、それは絶対に欠品しないように細心の注意を払っています。

また、そのときは店内を周遊して他の植物もたくさんの顧客に見てもらえるチャンスなので、売れ筋以外の商品もより一層充実させるよう、気合を入れてそろえるようにしています。

過去には痛い失敗をしたこともあります。正月に飾る門松につける輪飾りが見込み以上に売れてしまい、欠品してしまったことがありました。顧客をがっかりさせてしまい、たいへん反省したものです。

ただ、需要予測というのは一筋縄ではいかず、毎年同じ数が売れるとは限らないため、とても複雑で難しいところがあります。母の日にしても、ゴールデンウィークのあとに続く場合と、少し日数の間があるときなどの違いもあり、こういった変数によっても大きく変わってしまいます。

また、近年は小さな胡蝶蘭が人気になり、カーネーションの代わりに胡蝶蘭をお母さんにプレゼントするという新たな流れも生まれており、これによりカーネーションの販売数がやや減少しているところがあります。このようなことも複雑に絡み合い、需要予測は本当に難しいです。

私の会社が実施している現在の対策は、まずは母の日でカーネーションの販売が終わった段階で、その年の販売数をもとに翌年分のカーネーションの発注を行います。時間が経って発注を忘れてしまったりしたら、とんでもない事態になるからです。そのうえで、母の日が近くなってきたら、その年の動向などを鑑みながら、調整をするようにしています。

最近は、欠品をすることはまずなくなりましたが、余らせてしまうこともあり、そこは会社にとって課題になっています。

繁忙期の対応
梱包でプロフェッショナルをアピール

私たちの店舗にとって繁忙期は「回転が勝負」になります。たくさんの顧客に買い物を周遊し楽しんでいただきながらも、いかにスムーズに誘導していけるか、これで売上が大きく変わります。母の日などは、駐車場にたくさんの車が列をつくって、待ってもらっている状態になります。

その対策としては、警備員を増やしたり、レジの台数を増やしたりと、さまざまなことをしていますが、スタッフは大量に届く商品を店内に出して、鮮度を保つことで手いっぱいなのが現実です。繁忙期は簡易レジなどを増やすものの、そもそもスタッフも手いっぱいなので、そんなにたくさんのレジを増やすこともできません。そうすると長時間並んだ顧客が「もういい」と帰ってしまうことがあります。ここに関しては課題を感じているところです。

さらに私たちの店舗にはカフェがあり、全体を周遊しながら長時間楽しんでもらえる体験型店舗になっています。ですから普段は回転を早めることの真逆を行っているので、一層その難しさがあります。

そこはジレンマとギャップを感じて悩ましい部分ではあるのですが、物日だからといって時間制限を設けるわけにもいかず、やはり誘導やレジの対応で少しでも回転を早めることが現在の最適解だと考えて取り組んでいます。

現在、コンビニやスーパーでは無人レジが出てきて、顧客が自分でバーコードを読み取ったり、かごを置くと中の商品を自動で読み取ってくれたりするものがあります。こういうレジを設置すれば解決するかといえば、そう簡単な話でもないのです。

植物を持ち帰るためには梱包がとても重要で、きちんと包んであげないと、あとあとのクレームにつながるからです。顧客がよく分からないまま適当に包んでしまうと、持ち帰る途中で土がこぼれてしまうなどして、せっかく買った植物が残念なものになってしまいます。そうなると、顧客も私たちも悲しいので、その事態は避けたいのです。

そうなると、どうしても梱包のプロである店舗のスタッフが時間をかけて一つひとつ包むことになります。レジは会計担当と梱包担当の２人体制をとるため、ここでも人手と手間がどうしてもかかってしまいます。

とはいえ、これはデメリットばかりでもありません。スタッフがてきぱきと正確に、美しい梱包をすると、顧客からは「やっぱり植物のプロは凄い」と喜んでもらえ、「次も買うならやっぱりオザキフラワーパークにしよう」と、信頼が生まれ、それがブランディングへと直結するのです。私のところにも「スタッフの梱包の手さばきが凄くてびっくりしました」という声が届いたこともあります。植物の手入れをしているところを顧客が目にする機会はほぼないので、この梱包のところでプロフェッショナルな面を伝えられるメリットがあると私はとらえています。

第4章

花や緑のある生活をもっと身近に――
顧客のライフスタイルに合った新たなガーデニングライフを提案する

ガーデンセンターのプロフェッショナルに育てる

私の会社では全ての社員を「ガーデンセンターのプロフェッショナル」「植物の専門家」に育てたいと考えています。顧客から植物に関する質問をされたらなんでも答えられるようになり、また、エンタメ性のある体験型店舗の価値を最大限に活かすことができるスタッフとしてコミュニケーション力も備えてほしいと思っています。

スタッフの採用に関しては、園芸や造園などの植物関連の学校を卒業した人に絞るということはまったくしておらず、幅広く門戸を開放しています。実際は、新卒採用で志望してくれる学生は植物関連で学んだ学生が多いため、7割ほどを占めますが、ほかにも経済学部卒やデザイン学校卒など、さまざまな背景をもつメンバーが集まり、入社後にそれぞれの知識を発揮してもらうことを大切にしています。

私が採用面接で最も重視する点は、植物の知識ではなく、コミュニケーション力です。この会社で働くために最も重要なのは顧客とのコミュニケーションであり、社内におけるコミュニケーションだと考えています。どれだけ植物の知識があったとしても、自分1人の世界に没頭してしまい他者と意思疎通が取れないと、会社という社会で生きるうえでは不適切だからです。

植物の知識は入社してからでも身につけることはできます。しかし、コミュニケーション力や、人と関わることに対する思いは、どれだけ研修を行ったとしても簡単に変えられるものではないと実感しています。コミュニケーション力がないのが悪い、と言いたいわけではなく、植物を通して人と接する仕事である私たちの会社では難しいという話です。

店舗で働く従業員約90人のうち、社員は25％で、アルバイトは75％です。アルバイトは16歳から75歳までと幅広く雇用しています。たとえ新卒で入社した20代前半の社員であっても、社員よりも多く、年齢層も広いアルバイトと円滑にコミュニケーションを取りながら売り場をマネジメントしていくことが求められます。入社すると、こういう環境で働くことになるので、どうしてもコミュニケーション力が求められるのです。

園芸や造園を学び、植物に対して深い知識や造詣があったとしても、面接の段階で「コミュニケーションに難がある」と感じたら、採用することは難しいと思います。私たちが目指しているのは「ガーデンセンターのプロフェッショナル」であり、「植物の〝専門家〟」であっても「植物の〝研究者〟」ではありません。これは私個人の思いではなく、幹部社員も含めて話し合って、どんな人材が必要かを明確にしている部分です。

私たちが考える「ガーデンセンターのプロフェッショナル」は、植物の専門知識とコミュニケーション力を高いレベルで兼ね備え、顧客を心から楽しませることができる人物です。最近、顧客から言われるようになった「植物のテーマパーク」が示しているように、植物のテーマパークのように楽しんでいただき、それを最大限に演出やサポートできる人材です。

入社して長年働いて努力すれば、仕入れのスペシャリストなど、植物の専門家として活躍する道はあります。その道へつながるための大切な要素は、入社前の植物の知識ではなく、コミュニケーション力だと私は考えています。

入社後の研修

新卒社員に対しては入社後に研修期間があります。まずは外部の専門機関に委託して、挨拶や名刺の渡し方など、社会人の基礎を2日間かけて身につけてもらいます。その後は社内でも研修があり、幹部社員と一般社員が、会社が大切にしていることや目指す未来、働くための心構えや具体的な業務内容と仕事などを伝えます。

その後に配属となるのですが、最初の3カ月間は配属先を決めません。全員が顧客対応の要であるサービスカウンターで働きます。ここには私たちの会社の業務が集約されていて、梱包やラッピング、配送業務、顧客からの質問対応など、さまざまな対応が求められます。

店舗の縮図のような場所であるサービスカウンターで働くことで、全体像をつかんでもらうことが目的です。そこで働いている間に上司や私が各スタッフの適性を見定めます。得手不得手などを把握したうえで、最初の配属先を決定するという流れになっています。

ガーデンセンターのプロフェッショナルに育てるために、まずは小さいカテゴリーからスペシャリストになってもらうようにステップを設けています。ハーブやサボテンなど１つのカテゴリーを決めて、そこに選択と集中をして、徹底的に知識を身につけてもらいます。

そこでは自分のコーナーも担当し、仕入れから管理、販売までを一人の商売人として担います。こうすると自然と自分が仕入れた植物に愛着がわき、「どうしたらもっといきいきと育つか」と、自ら調べるようになり、沼へとはまりこんでいくのです。

現場で働いていると顧客からは「これはどのぐらい水をあげたらいいのか」「肥料はどうすればいいのか」「弱ったときの対処は」など、さまざまな質問が飛んでくるので、それに対応しようと自ら学ぶようになります。これがスペシャリストへの第一歩です。

この方法の良いところは、自分自身の手で植物を育てているため、より積極的に、熱量をもって顧客とコミュニケーションをとることができる点です。コンピューターが解説するのではなく、愛をもったスタッフが説明することそのものがエンターテインメントの一つなのです。自分の説明で顧客に喜んでいただく経験をしたスタッフは、ますます植物にのめり込んでいきます。

1つの分野をマスターするには、基本的な部分だけでも少なくとも3年間ほどはかかるでしょう。園芸の世界は「水やり3年」といわれ、表面的には簡単そうに見えても奥が深いところがたくさんあるのです。

1つの分野で十分に知識を身につけたら、また同じことを次の分野で行います。これを長年続けていると、気づけば店舗にある植物全体に関する知識が身につき、「ガーデンセンターのプロフェッショナル」へと成長するのです。

植物が病気になったときの対処法も学ぶので、顧客からは「植物のお医者さん」「植物の専門家」として頼られるようになり、ますます仕事が楽しくなっていきます。

私たちの店舗は3000坪の敷地があり、年間約10万種類の植物を扱う、都内屈指の巨大ガーデンセンターです。そのため、学ぶべき分野や領域は多岐にわたります。

我々、働いている人間にとってもあまりにも深い沼のため、学ぶべき領域が深すぎる点も多店舗展開できない理由の一つです。同時に、これこそが会社にとっての強みであり、徹底した深掘りをして、本物のガーデンセンターとしてあり続けることが、最大の価値なのです。

今後は学ぶべきステップを分かりやすく階級制度に落とし込もうと考えています。現在はまだその明確な制度がなく、曖昧な部分があるため、今後さらに人材育成に力を注ぐためにそこは定めていきたいと考えています。

知識の学び方①　朝礼とオザキ通信

顧客からは社員とアルバイトの見分けはつかないので、レジ打ちのアルバイトも含めて、顧客からさまざまな質問をされる機会が多々あります。そこで「私はレジ打ちなので分かりません」と答えるのではなく、ガーデンセンターで働くスタッフとして植物に関する最低限のことは答えられるようになってほしいと思っています。

そのために、さまざまな学びの場を設けています。毎日行う全員参加の朝礼では社員が順番で朝礼長を務め、「今日はこの植物について解説します」と講師役になり、５分間ほど園芸や植物に関して勉強する時間があります。

原産地や育成環境、水やりや肥料のあげ方について説明をします。植物は原産地を知ることがとても重要です。それが砂漠地帯であれば水を頻繁にあげなくていいなど、育て方のコツがそこに詰まっているからです。原産地を知り、その植物が育っていた環境の１年間のサイクルをしっかりと押さえておくだけでも、植物の勉強を細かくしなくても大まかにとらえることができます。朝礼で出た植物に興味をもったら、スタッフそれぞれが各自で深掘りをしていくという流れです。

私たちの店舗では時期によって必ず押さえておかなければならない商品情報というものがあります。冬であれば「三大花」と呼ばれる、ポインセチア、シクラメン、シンビジウムがあります。朝礼ではその時期にマストのテーマを取り上げて全員で学び、原産地から育て方までを必ず頭に叩《たた》き込むようにしています。

あわせて、会社のＷｅｂサイトでは、植物に関する情報発信を行う「オザキ通信」というメディアを運営しています。記事を執筆するのは社員です。知識を学び、身につけるためには情報のインプットとアウトプットの両方が大切で、学んだ情報は自分のなかで咀《そ》嚼《しゃく》して、理解して、さらにそれを「人にも分かるように説明する」ことで表面的な知識ではなく、深い知見として定着します。

知識の学び方②　生産者訪問

より深い知識を身につけるために、できるだけ生産者のもとへ社員が直接出向くようにしています。いわゆる産地訪問というものです。社員が担当コーナーをもったら、その植物の生産者のところへ行き、実際に植物が生産されている環境や生産者の思い、育て方などを教えてもらいます。

市場にある植物を機械的な流れで仕入れたものを売るのではなく、生産者から直接仕入れるものもたくさんあるので、このような機会も多くあります。私自身も今もなお続けていることであり、産地訪問をして生産者に話を聞くことが、最も植物の知識を深めることができる方法だと確信しています。

その場で疑問に思ったことがあれば、生産者にどんどん質問をします。生産者は職人気質の人が多いので、そこでも私たちの会社では欠かせないコミュニケーション力が求められます。信頼関係を結べないと「そちらには出さない」「教えない」と言われてしまうこともあります。さまざまなタイプの生産者がいるので、それを見極め、適切なコミュニケーションをとりながら信頼関係を結んでいかなければ情報を得ることはできません。ここでもまた社員は成長するステップがあるのです。

もちろん、生産者のなかには自分が育てた大切な植物を、同じように大切に育ててくれる人へ渡したいと考え、喜んで答えてくれる人もたくさんいます。そこで教わった知識をしっかりと自分の知識として吸収して持ち帰り、朝礼で全スタッフに共有し、顧客へも積極的に発信します。

こうすることで、仕入れた植物により愛着が湧き、正しい育て方を知っているので植物は順調に育ち、社内にも新たな知見がたまり、顧客にも喜ばれ、その姿を見てスタッフも自己肯定感を抱いて成長するという良いサイクルが生まれるのです。私の会社における人材育成で最も重要なものは産地訪問かもしれません。

生まれたときから園芸店の後継ぎであり、長年この業界に携わってきた社長の私でさえも、いまだに覚えることだらけ、教わることだらけです。本やネット上の情報だけではなく、生産者と直接話すことで、そのたびに新しい発見があり、驚かせてくれます。

社員が自走するコツ 植物を愛する人間が入社する

私の会社では新入社員でも早い段階から小さなコーナーを任せ、仕入れから管理、売り切るところまでを担当してもらい、１人の商売人としての感覚を養うようにしています。

実際は商売人ではなく、毎月固定の給料をもらって働くサラリーマンなので、この方法を外部に話すと「給料の範囲内でしかやらない、がんばらないという社員は出てこないのか？」という質問をされることがあります。それに対する答えは、「うちではそういうスタッフはまずいない」ということです。

その理由は、植物を心から愛している人間が入社してきているからです。「好きこそものの上手なれ」という言葉があるように、人は好きなものに対しては誰かに指図されなくても自ら夢中になって取り組むものです。

私もまさにそのタイプの人間であり、「オザキフラワーパークが園芸店として続けられずに、ホームセンター化も考えなければならないかもしれない」というときにとどまった理由の一つは、植物や園芸店が好きだったからです。ホームセンターに興味はなく夢中になれないと思い、その中途半端な思いでは他店に勝てるはずもありません。それであれば心から好きで、夢中になる園芸店をもう一度復活させたいという強い思いでがんばってきました。

そのため私はスタッフの「好き」という気持ちを大切に考えていますし、採用面接の際もコミュニケーション力と同じように「植物が好きか、愛しているか」も見極めるようにしています。植物が好きでもないのにこの会社に入ってしまったら、毎日が植物に囲まれながらの仕事で、業務も大量にあるので、お互いにとって不幸になってしまいます。

そこで面接のときに私は「どんな植物を育ててきましたか？　好きな植物はなんですか？」と聞くようにしています。そこで話を聞けば、面接を担当する我々はいわば「植物の専門家」なので、すぐにその人が本当の植物好きかどうかは分かります。どれだけ熱をもって話をしたとしても、植物をたいして好きではない人は話の細部に違和感が生まれるので、簡単に見抜くことができるのです。

何か1つでも植物を育てた、または植物を好きだ、という思いが私の会社で働くうえではとても重要です。それを取っ掛かりにして、入社後はさらに「植物の聖地」で広げていくことができるので、育てた数などは重視していません。それよりも本当に植物が好きで、強い思いがあるかどうかを私は見ています。

注意して見ているのは植物への愛情の方向性です。これがマニアックすぎるときは、どれだけ植物が好きであっても即決はしません。我々は研究者を求めているわけではないので、独自の世界へ没頭してしまいそうな人かは見定めるようにしているのです。

あくまでも私たちの会社はガーデンセンターであり、店舗で働く仲間や生産者、市場関係者など、さまざまな人たちとコミュニケーションを取りながら、顧客に喜んでもらう仕事です。強烈なこだわりをもった植物のカテゴリー以外も担当になる可能性は十分にあり、そこで「私はあれしか好きじゃないから嫌だ」と言われてしまっては仕事になりません。そのバランスを念頭においたうえで、適切な人材かを見抜く必要があります。

植物を介して交流を深める「プランツコミュニケーション」

私たちは「Plants Communication（プランツコミュニケーション）」を大切にしています。これは私がつくった造語であり、「植物を通した会話をしてほしい」という思いから考えた言葉です。

それはスタッフと顧客でも、顧客同士でも構いません。私自身が植物の話をすることが大好きなので、顧客から店舗で質問をされると、喜んでたくさん話してしまいます。店舗にいると、いろいろと聞いてくれるので、楽しくて仕方ありません。こういう思いを私だけでなく、スタッフや顧客全員にも味わってもらいたい、そんな思いからつくった言葉が「プランツコミュニケーション」です。

プランツコミュニケーションを発生させるために、私たちの会社はエンタメ性のある体験型店舗のほかに、ワークショップなどのイベントを定期的に開催しています。このような場があると、顧客ともより深く交流ができて、まさに植物を通したコミュニケーションが生まれるので積極的に仕掛けるようにしています。

イベントでは私たちの店舗という枠を飛び越えて、より広大な植物の世界とその面白さを伝えたいという思いもあります。年間約10万種類の植物を扱う当店ですが、植物の世界に視野を広げれば、扱っていない植物のほうが多く、その世界はどこまでも広がっています。その世界の面白さを顧客に伝えたいのです。

イベントは植物のカテゴリーを決めて行うことが多く、最近はセントポーリアフェアを開催しました。イベントを開催する際は生産者の協力のもと、普段の10倍ほどの数をそろえて、大々的に展示します。そこで集まった顧客に対してワークショップを開催して、生産地や育て方を一緒に学んだりしながら、プランツコミュニケーションを楽しみます。

夏には簡易的な夏祭りを店舗内で開催します。観葉植物のジャングルの奥には観賞魚のアクアコーナーもあるため、金魚すくいや鯉の品評会をやって盛り上がりました。普段扱っていない植物なども取りそろえて非日常感を演出して、顧客に楽しんでもらっています。

イベントは繁忙期にはなかなかできないものの、普段は毎月2、3回程度と、かなり多い頻度で開催しています。それだけ植物を通した交流、プランツコミュニケーションを大切にしています。

イベントに限らず、新入社員の最初の配属先であるサービスカウンターも、プランツコミュニケーションを体現する重要な場所の一つです。ここは顧客から多種多様な要望が集まる場所で、梱包や配達の依頼や贈答の相談など、顧客と植物を通して会話が生まれる機会がたくさんあります。そこで新入社員はしっかりとプランツコミュニケーションの重要性を学び、身につけてから、正式な部署へと配属するという流れになっています。

また、店舗内にある生花専門店やリガーデンショップも、プランツコミュニケーションを実施する重要な拠点となっています。生花専門店はアレンジの注文や相談があり、リガーデンショップは庭をどのように整えるかと時間をかけて話し合いを行います。特にこちらは長期間にわたるプランツコミュニケーションを実現するもので、最近はリガーデンを実施した1年後に「すてきな庭をつくってくれてありがとうございます。新たに花を植えたらこんなふうになりました」と写真つきのはがきが届き、まさにこれこそが私が求めるプランツコミュニケーションの一つだと思ったものです。

押さない接客術

私たちの店舗は「押さない接客術」を重視しています。多くの園芸店は、植物を購入した顧客に対して鉢も併せて勧め、「植え替えをしてお渡しします」という営業トークをよくします。でも、私たちはそれをあまりしないようにしています。まずは顧客の自宅の環境で植物を育てて、慣らしてから植え替えをしたほうがいいと思っているからです。気に入った植物を育てることを、そのままの状態で楽しんでもらい、さらにステップアップしたいと思ったときには再び来店してもらってから植え替えをするという流れが理想だと私は考えているのです。

購入単価のことだけを考えれば、なんでも抱き合わせで勧めて買ってもらったほうが、その瞬間は単価が上がり、売上も上がりますが、本質的な顧客の価値にならないところでお金を使わせてしまうと、その後、リピーターにつながらないと思っているのです。その場だけは得をしても、長いスパンで考えれば損をしていることになります。

肥料に関しても同じです。肥料は季節ごとにあげる量やタイミングが異なり、なかには冬は肥料をあげないほうがよい植物もあります。そういうことを伝えずに、1年分の肥料を売るようなことも絶対にしません。それで枯れてしまっては、「オザキフラワーパークの植物はすぐ枯れる」と思われて、マイナスブランディングになってしまうからです。

野菜苗は特に注意が必要です。例えばミニトマトの苗と長さ60センチのプランターを購入しようとしている顧客から「たくさん収穫したいから5本ぐらい植えたい」という話があったとします。顧客は全ての植物に詳しいわけではないので、「たくさん植えたほうがたくさん実る」と考えるのはまったく不思議なことではありません。園芸店としては野菜苗がたくさん売れたほうが売上は上がるので、ここでどう答えるかは店舗の姿勢が明確に現れるところです。

しかし私たちの店舗では「５本も植えたら１本１本がしっかり育たないので２本までにしてください」と、はっきりと伝えます。それにより売れる野菜苗の本数が減っても構いません。それよりも自宅で植えたミニトマトが瑞々《みずみず》しく実り、それを家族で食べて、幸せな時間を過ごしたという経験のほうに価値があると確信しているからです。その経験をすれば、必ず店に再び戻ってきてくれます。

私たちは目先の購入単価よりも、正確な情報を顧客に伝えて、そのときに必要な商品を購入してもらうことを何よりも大切にしています。私たちは「植物の力」を心から信じており、適切な環境でちゃんと育てれば、植物は必ず家庭を、生活を豊かなものにしてくれると信じています。

その魅力を実感することができれば、自然と私たちの店の顧客になってくれるはずです。私たちスタッフの仕事は、その「植物の力」を、「植物を育てることの面白さ」を正しく顧客に伝えることであり、それこそが最も売上をあげる方法でもあるのです。

経営計画書とブランドブックによる勉強会

私は1年に一度、年間経営計画書を作成します。40ページほどある計画書を全社員に深く理解してもらうために、毎月数ページずつに分けて勉強会を行っています。

経営計画書には、会社の年間目標をはじめ、仕入れや販売促進、顧客対応、環境整備など、それぞれに対する方針が細かく書いてあります。それを書いて配って終わりにするのではなく、全社員が腹落ちするまで理解することで、全社一丸となって同じ目標に向かって進むことが大切だと考えています。

書いたものを渡したり、一度説明したりするだけでは、真意を理解するのはなかなか難しいことです。だから時間をかけて、何度でも繰り返し伝えるようにしています。

また、２０１８年に作成したブランドブックを使った研修も1年に一度行っています。こちらは社員だけでなく、アルバイトも含めた全スタッフに参加してもらいます。会社の存在意義や実現したい世界、そのために提供する価値などがまとまっているので、私たちの大きな武器であるＶＭＤの考え方や戦略なども含めて説明し、こちらも１つの方向にまとめあげていきます。

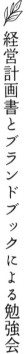

普段は私が関係性を直接もてる社員は幹部社員クラスまでが限界で、約90人のスタッフ全てを見ることはできません。そこで数人から多くて10人程度と、１人のリーダーが全員を見ることができる範囲で部署やチームをつくり、基本の人材管理や育成は各リーダーに任せています。

その社員の行動を詳しく見てもいない人間から頭ごなしに何かを言われても納得がいかないものだと思います。それにより組織間でギャップやずれが生じると、どれだけ勉強会を行って一致団結しても、またばらばらになってしまいます。それは避けたいので１人のリーダーがマネジメントできる範囲でチームを構成するようにしています。

「植物はクールでかっこいい」を伝える情報発信

園芸業界が全体として復調していくために必要なことの一つは、集約の強化であり、特に業界の次世代を支える若年層を引き付けることです。

若年層を顧客として取り込むためには「クールでかっこいい」と思われること、そしてそのイメージが定着することが重要だと私は考えています。今から約10年前に雑誌やメディアをきっかけにしてボタニカル男子・女子が流行ったときも、「植物のある暮らしはクールでかっこいい」というイメージが広がったことが要因として大きいと私は考えています。

しかし、昔ながらの園芸店には残念ながら「クールでかっこいい」というイメージはあまり抱かないと思います。これは非常に由々しき事態であり、私は「とてもまずいことだ」と感じています。「ダサい」「老人の趣味」と思われてしまうと、若年層は近づかずに離れていってしまい、文化としての植物が次世代へ継承されていかないからです。

私が考える「クールでかっこいい」園芸店は、簡単に言えば若者がSNSにアップしたくなるような園芸店です。これはまさに私たちが取り組んできたところであり、「見せる園芸」としてVMDを意識することが欠かせません。以前と変わらずに普通に植物を並べていても、若者の琴線に触れることはまずないでしょう。

私は店舗をジャングル化して宝探しを楽しめるような店内にレイアウトし、さらにそのなかには若者が興味をもちやすい多肉植物のコーナーなどもつくり、思わず写真を撮ってSNSにアップしたくなるように仕掛けてきました。そうしたところ、有名女性芸能人やインフルエンサーが訪れてSNSで拡散してくれて、若者の間で「オザキフラワーパークに行ってみよう」と、まるでカフェに行くような感覚で会話が自然に生まれるようになったと感じています。

現在も私が店内を歩き回っていると、若者同士で来ていて、「今度はあの植物の写真を撮ろう」と、楽しそうに周遊してくれている姿をたくさん目にします。彼らはダサい園芸店に来ているという感覚はなく、若者の遊びスポットの一つとして楽しんでくれていると思います。その背景には私たちの店舗が「クールでかっこいい」を体現しているからだと自負しています。

このイメージづくりを私たちの会社だけでなく、園芸業界全体で取り組むことができれば、さらに若年層を惹きつけることができるはずです。植物はそれだけの力を間違いなくもっています。若年層、さらに次の世代へと、このすてきな文化をつないでいけるように、やれることからコツコツと続けていきたいと思います。

写真ＮＧから一転して歓迎に

私たちの店舗が若者の間で認知されたきっかけは、有名女性芸能人やインフルエンサーによるインスタグラムをはじめとしたＳＮＳの拡散がきっかけでした。これは私たちが仕掛けたわけではなく、自主的に投稿してもらったものなので、とてもありがたいことでした。

実は２０１４年以前の店舗は「店内写真撮影ＮＧ」の方針を取っていたのです。その理由は、直接店舗に来て、目の前にあるリアルな植物の魅力を味わってもらいたいと思っていたことと、私たちの重要な戦略であるジャングル化をはじめとしたＶＭＤを他店に簡単に見せるようなことはしたくないと思っていたからです。

しかし、２０１４年に日本でインスタグラムが広まっていったときに、時代の流れの変化を実感しました。写真主体で見せるＳＮＳであるインスタグラムは、世界観を伝えるものに適していて、それは私たちの会社とマッチしたものだと感じたのです。

その頃に、ファッション雑誌が私たちの店舗で有名女性芸能人を撮影するという仕事の依頼があり、その芸能人が特別に店舗内の写真を撮って、インスタグラムにアップしたところ大変な反響がありました。

その状況を見て私は方針転換を決めました。それからは一転して「店内写真撮影ＯＫ、歓迎」に変えて、さらに写真を撮りやすいフォトスポットもつくりこんでいったのです。そうしたところ、たくさんの有名人やインスタグラマーが来店し、瞬く間に拡散されていきました。

これによる効果はとても大きなものがありました。私たちの店舗には年間約10万種類という膨大な数の植物があり、色とりどりの美しい花が咲き乱れているため、インスタグラムで「映える」写真が簡単に、たくさん撮れるスポットになっています。さらに、この頃はジャングル化によるエンターテインメント性の高い体験型店舗にしていたことや、若者に人気のある多肉植物もたくさんそろえていたことなどもあり、若者との親和性が非常に高い状態にありました。

その後は、ＳＮＳを起点に一気に若者層に店の存在が広がり、たくさんの若者が来店するようになり、店内の至るところでスマホを片手に写真を撮る光景が見られるようになりました。ＳＮＳの投稿でこんなにも変わるのかと驚かされるほどの変化でした。

インスタグラムと「魅せる園芸」の親和性

現在は会社のインスタグラムのアカウントがありますが、初期の頃は自社では発信せずに、顧客の投稿に任せるという方針をとっていました。その流れに乗って自社で積極的にアピールをし始めることは少しいやらしさがあり、暑苦しい行為かなと思い、自粛したのです。

そのぶんの私たちの労力を、顧客が写真を撮りやすく発信したくなる環境をつくるＶＭＤのほうに回すことにしました。そこからさらにジャングル化は「Ｗｏｗ！」とつい言ってしまうインパクトをより重視するようになっています。これはとても良い役割分担だったと思います。

最初はＶＭＤの戦略を他店に見せたくないと思っていましたが、その後は「見られても構わない。なんなら教えてあげる」という感覚にまで振り切って、インスタグラムの波を最大限に活用することにしました。

通常、有名人やインスタグラマーにお金を払って広告として宣伝してもらうためには、大きなコストがかかります。でも、ＶＭＤを意識して「魅せる園芸」「エンタメ性の高い体験型店舗」に取り組んでいたおかげで、それを私たちから仕掛けなくても、勝手に、無料で拡散してくれるのです。これは凄いことだと改めて思いました。

インスタグラムに私たちの会社がばっちりハマったのは、私が大切にしてきたジャングル化の肝である「Ｗｏｗ！」という直感やインパクトのあるビジュアルが写真メインのＳＮＳとマッチしたからだと思います。

インスタグラムでの露出が増えると、まずはファッション感度の高い美容師やモデルが来店するようになり、さらにその流れから雑誌からの取材や撮影場所としての依頼が舞い込むようになりました。そこから芸能界へと広がり、芸能人からも注目されるようになりました。ある撮影で「なぜうちで撮影することになったのですか？」とスタッフに聞いたところ、出演者の芸能人からの指名だったことを教えてくれました。

ちなみに、私の会社ではFacebookには以前から力を入れており、そこからホームページへ誘導するという流れをつくっていました。ただ、インスタグラムの流れが強くなり、私の会社はインスタグラムのほうが親和性は高いと分かったことで、Facebook からインスタグラムへ切り替えています。

両方を運営すると中途半端になるので、Facebook はほぼ撤退して、インスタグラム1本に集中することにしたのです。私はいろいろなことに手を出す性分なのですが、やってみてからの選択と集中はとてもはっきりしています。

ＳＮＳ戦略により「憧れの場所」へ

インスタグラムにより有名芸能人やインフルエンサーから拡散されたことで、私たちの店舗は「行ってみたい」という「憧れの場所」になったと感じています。この「憧れ」という部分はブランディングを行ううえで、とても重要な要素だと感じています。

そもそも、私が２０１８年にリブランディングをしたときに掲げた目標の一つには、「園芸やガーデニングをやる人にとっての目的地になること」というものでした。

これを実現するうえでＳＮＳはいまや欠かせないものになっています。現在、私の会社が実施する情報発信ツールは、インスタグラム、Ｘ、ＬＩＮＥ、Facebook、ブログ、オザキ通信などがありますが、これら全てで一貫性のある情報を発信することを大切にしています。

「我々が何者で、何を大切にして、何を目指しているのか」ということをぶれずに各方面から伝え続けることで、理解してもらいやすくなるというメリットがあると思います。

こういうふうにして情報発信によるブランディングを続けていると、園芸やガーデニングに興味のない地域に住む若者からも「いつか東京に行ったらオザキフラワーパークに行ってみたい」と思ってもらうことができるようになるのです。そして実際に来た若者からは「テーマパークよりも楽しかった」と言っていただくこともあり、「植物のテーマパーク」という異名もだてではないなと、つい笑みがこぼれてしまいます。

「植物のテーマパーク」や「植物の聖地」という異名は、我々が自ら名付けて広めたものではありません。顧客の間で自然とつけられて、広まったものです。

ガーデニングを趣味にしている人は東京のみならず日本全国に、そして世界中にたくさんいます。各地に住むガーデニング好きの方々の間でSNSが盛り上がり、「オザキフラワーパークに行ったらなんでも植物がそろっていた」「植物の聖地だ、テーマパークだ」と、いつの間にか呼ばれるようになったのです。

顧客からそう呼ばれるようになって、ますますブランディングをしやすくなったところがあります。顧客が私たちに求めているイメージが明確なので、「聖地なのだからもっと品ぞろえを充実させないと」「テーマパークに恥じないようにもっとインパクトがあり、楽しめる空間にしよう」など、ますます売り場づくりに気合が入り、結果として顧客を喜ばせ、集客も増えるという好循環が生まれています。

現在は会員セールやゴールデンウィークなどの繁忙期は、駐車場は県外ナンバーの車であふれかえります。車で来られない人たちも、会員は北海道から沖縄在住の方までたくさんいて、本当に全国から集まってくれます。

これを実現できているのはＳＮＳの力が大きく、その活用により「憧れの場所」にできているからです。ＳＮＳがなかったら、こんなにも全国から植物好きを集められることはなかったでしょう。

集客はブログが今も一番

ここまでインスタグラムの話をしてきましたが、私たちの会社が集客のためにいちばん力を入れているＳＮＳやＷｅｂメディアは、実はインスタグラムではなく「ブログ」です。ブログが以前から今もなお、最も大きな効果を発揮しています。

インスタグラムは若年層の集客促進に大きな効果を発揮します。一方で、ブログは顧客の大半を占める固定客、常連へのリーチが圧倒的に高いのです。XやLINEも全てブログに誘導するように動線を引いています。

この層の顧客が私たちの店舗のブログに何を求めているかといえば「植物の入荷情報」です。見せ方に何か特別な工夫をしているわけではありません。ただ入荷情報のテキストを羅列しているだけです。当店は一度に数百種類が入荷されるため、それぞれ画像付きでアップしようとすると大変な手間がかかるので、文章のみにしています。

入荷情報がそんなに見られていると私自身が知らなかったときに、一時的に情報アップをやめたところ、「入荷情報を復活させてほしい」という声がたくさんあり、すぐに復活した経緯があります。「入荷情報がこんなにも見られているんだ」と驚き、やはり私たちの店舗に品ぞろえを期待している人が多く、「行けばこれがある」という情報が求められていると改めて気づきました。そこからはさらに頻度を上げるなど、ブログでの情報公開を強化しています。

ダイレクトメールやはがきも重要

ブログと同様に、今も効果を発揮している集客ツールの一つは「ダイレクトメール」です。このデジタル全盛の時代に「ダイレクトメール」や「はがき」はまだまだ力のあるツールなのです。

私の会社では毎年３月に「周年感謝祭」という名のセールを実施しており、その際は近隣を中心にチラシを配っています。ただ、近年はＳＮＳやブログで集客効果が出てきたので、少しずつチラシの発行部数を減らしていっていました。時代にマッチしたデジタルツールで集客する方向に舵《かじ》を切っていたのです。

コロナ禍になると、飲食店を中心に多くの店舗が集客に悩むなか、インドアグリーンの需要が一気に爆発して、三密を回避しなければならないのに私たちの店は顧客であふれかえる状況になってしまいました。そこにさらにチラシを配ってしまうと、とんでもないことになってしまうと思い、このときにチラシは完全に一時撤退した背景があります。

私自身が「時代の流れからデジタル１本でいけばアナログの紙のチラシが不要でコストカットできる」と思っていたのですが、実は今年からチラシを復活しています。その理由は「ＳＮＳが全てではない」と、はっきりと分かったからです。

私たちの会社では年2回の有料会員セールを行っています。目的はファンづくり、会員カードによる顧客の囲い込みであり、会員カードは発行費２００円と年間会員費５００円の計７００円をいただいています。私たちが会員に提供する価値は、園芸関連商品が５％オフになることと、夏休みと年明けに年2回、10日間の期間で開催する「会員様限定ご優待セール」への招待です。植物が20％オフ・園芸用品が10％オフになるなどのセールであり、会員にはダイレクトメールでその情報を発信すると、遠方からもたくさんの会員たちが来店します。

以前はSNSでの告知と合わせて、会員にチラシのダイレクトメールを送っていました。会員数は3万人以上いるので、これだけでコストがかかることもあり、「SNSやWebで告知は十分だろう」と思って、こちらも一時やめたことがありました。

しかしダイレクトメールの送付をやめたとたん、集客と売上がガタンと落ちたのです。それで反省して、半年後の次のセールのときは再びダイレクトメールを送付すると、V字回復で戻り、過去最高の売上を記録して大爆発しました。さらに、周年感謝祭もコロナ禍を終えて、再び近隣にチラシをまいてみると、これもまた大爆発して、凄まじい売上を叩き出しました。しばらくリーチしていなかった層に改めてリーチしたことで、休眠客を呼び起こす効果があったのだと思います。

その状況を見て、いくらデジタルの時代といっても「デジタルが全てと思ってはいけない」という教訓を得ました。

SNS（デジタル）とチラシ（紙）は、どちらも両方使うことで、幅広く集客ができることがよく分かりました。考えてみれば、私の会社の顧客は10代から70代、80代と高齢の方まで幅広く、ＳＮＳを見ない人も数多くいます。だから、ＳＮＳだけでいいなどということはないのです。

ある花の博覧会では参加者に普段利用しているＳＮＳに関してアンケートがあり、その結果を見ると、１位はインスタグラム、２位がYouTube、３位がFacebookでしたが、これを上回る回答が、「何も使っていない」でした。そして、実にそれは回答者の50％以上を占めていました。こういった情報を正確に把握して、最適な集客方法を考えることも、とても重要なことだと改めて学び直しました。

行政と連携した情報発信も

私たちの会社では以前から練馬区と協力して、さまざまなイベントなどを実施してきました。私たちは地域密着型のガーデンセンターを目指しており、練馬区は緑化推進を目指した活動をしているため、方向性が一致していたのです。例えば、同じ区内には光が丘に「四季の香ローズガーデン」というバラ園があるので、そこで何かのイベントがあれば私たちの店舗でも積極的に告知をするなど、練馬区で開催される緑や花の取り組みには積極的に参加してきました。

そのような関係があるなかで、2023年には練馬区にあった遊園地「としまえん」の跡地に、アジア初、ロンドンに次ぐ世界で2カ所目となる「ワーナーブラザース スタジオツアー東京―メイキング・オブ・ハリー・ポッター」が完成しました。

練馬区観光課では「せっかく世界的に認知度が非常に高い『ハリー・ポッター』の施設ができるのだから、練馬区の観光をアピールしよう」という話になったそうで、練馬区の魔法使い（さまざまな業界で活躍する人たち）を10人選出することになり、光栄なことに魔法使いの1人として私を選んでもらえました。

そのときに魔法使い全員のトレーディングカードがつくられ、私のものもあります。「花とみどりで人々の暮らしを彩る 植物ラヴァー」というキャッチコピーをつけていただき、肩書は「グリーンハンター」となっています。観光課は魔法使いがいる場所を周遊して10枚全部のカードを集めようというキャンペーンを開催したり、観光会社が練馬区とともに「ハリー・ポッター」の施設と私たちの店舗を巡るツアーを組んだりと、さまざまな取り組みをしていただきました。

今後も練馬区をはじめ、行政とも連携をとり、自然の魅力や、園芸業界の面白さなどを積極的に伝えていきたいと思っています。官民連携で取り組むことで、より大きなムーブメントを起こすことができると期待しています。

第5章

園芸店を家、職場に次ぐ「第3の居場所」に——

人が自然と共存する幸せな未来を目指して

目指すのはガーデンセンターが当たり前にある世界

私たちの店舗は、都内では類を見ない、大型のガーデンセンターです。店内はバリアフリーの設計にしているため、小さな子どもから高齢者、障害のある方まで幅広く楽しむことができる場所です。

現在は年間で60万人以上の植物を愛する顧客が訪れてくれる場所になっており、平均すると、月に約5万人もの人たちが1つの園芸店、ガーデンセンターを訪れる計算になります。これもほかの園芸店と比べると、圧倒的に飛びぬけた数字であることは間違いなく、私たちが目指している「花と緑が中心のライフスタイルセンター」へと一歩一歩近づいていると確信しています。

東京都内では、これだけ大型の植物を多数取りそろえている園芸店はほかにありません。小型の植物を中心に数本の大型植物を展示しているところもありますが、一度にたくさんの大型植物を同時に見ることはできないため、たくさんの種類を見て比較して選びたい方は複数の店舗を回ることになります。

その点、私たちの店舗であれば、一度に大量の大型植物を見て、選ぶことができます。

さらに、品ぞろえが少ない園芸店より価格も安く、2分の1や3分の1の値段で販売しているものが多数を占めます。そのため、植物が好きな人は私たちの店舗を訪れてくれるという流れができているのです。

ただ、私は現状に満足して、進化を止めるということはありません。目指しているのは、私が20代の頃に渡った園芸の本場オランダをはじめとするヨーロッパのように、日本でもガーデンセンターがあって当たり前の世界をつくることです。

それが成り立つためには、花や緑のある暮らしが多くの人たちに必要なものとして受け止められて、生活のなかに植物が自然と溶け込んでいるスタイルが浸透することが不可欠です。これまでも書いたように、園芸の本場ヨーロッパでは家庭の中に植物があることが日常であり、子どもの頃から植物とともに暮らすライフスタイルが確立しています。

休みの日には子どもを連れて家族で花や緑を買いに行き、帰ってきたら庭に苗を植えたり、家の中に観葉植物を飾ったりして、さまざまな楽しみ方をします。野菜を収穫する、花をきれいに育てる、目で見て楽しむなど、花や緑のある暮らしがもたらすメリットは少なくありません。

オランダでガーデンセンターのカフェに癒やされて

私が20代の頃に6年間を過ごしたオランダは、園芸の本場です。街にはガーデンセンターがあり、花屋や園芸店であふれていました。ガーデンセンターの中は広々として、大きな窓から屋内外の自然を観賞できるカフェがあり、そこは私にとってのサードプレイス、第3の居場所そのものでした。

日本で大学卒業後に1年半のサラリーマン経験があるだけだった当時の若かった私は、海外で花屋を開き経営するという初めての経験にとまどい、うまくいかないことがたくさんあり、日々頭を悩ませていました。熱意だけはあったものの、それだけで簡単に経営がうまくいくほど甘いものではないのは今考えれば当然のことです。

途方に暮れ、リフレッシュしたいと思ったときは、私は必ずといっていいほどお気に入りのガーデンセンターへ足を運びました。まずは店内をぐるりと周遊して、たくさんの花や緑を見て、触れて、力をもらいます。その後は店内にあるカフェに寄り、植物を眺めながらコーヒーを飲み、頭を整理する時間にしていました。あの頃、私がニッチすぎる戦略で陥っていた苦境から切り抜けて、王道のマーケティングへと移行して成果を出すことができたのも、ガーデンセンターでのリラックスタイムがあったからこそでした。

ガーデンセンターの良いところは、１人でも、家族でも、友達同士でも楽しむことができて、一日中とまではいわないまでも長時間にわたり大きなお金を使わずに過ごすことができる点です。日本の小さな園芸店の場合は、顧客は購入目的や明確に求める花があって店に行き、そこで短時間で購入して店を去ります。でも、海外のガーデンセンターはそうではありません。

現在の私たちの店舗もそのようになっていっていますが、花や緑とのふれあい・購入、専門性の高いスタッフとの会話・コミュニケーション、そのほかの園芸関連サービスの相談、カフェでのリラックスタイムと、幅広い楽しみ方ができるのです。

私もオランダのガーデンセンターでたくさんの癒やしをもらい、自分の内面と向き合う時間をもらい、とてもありがたく、良い場所だったという思いが今も強くあります。そういう心地よい場所を日本にもつくりたいと思って、私たちの店舗を進化させていっているところです。

心からリラックスできる非日常の空間

ガーデンセンターおよび、そこにあるカフェは多くのオランダの人々にとって身近な憩いの場でした。私がオランダで花屋を開き、園芸関連の仕事をしていたから、特別にガーデンセンターやカフェに足しげく通っていたというわけではないのです。

ヨーロッパには近隣にガーデンセンターが複数あることが大半で、だいたいの人は「お気に入りのガーデンセンター」が決まっています。日本人にとっての「いつも行く、お気に入りのカフェ」のような感覚であり、ガーデンセンターに行くことは日常なのです。

私はガーデンセンターで自分の仕事のヒントももらおうという視点をもっていましたが、ほかの人たちは純粋に花や緑のある暮らしを楽しんでいるのです。休日などは家族で来ては大きなショッピングカートを引いて、植物や園芸雑貨、資材などを大量に詰めこんで買っていく姿をたくさん目にしました。帰ったら家族全員で植えたり眺めたりして楽しむんだろうなと思うと、こちらも思わず笑みがこぼれたものです。

ヨーロッパのガーデンセンターの平日はとてもゆったりとしています。私たちの店舗は平日もたくさんの人が訪れますが、向こうは来客数が少なく、静かで、心からリラックスできる非日常の空間です。その雰囲気が好きで、私はよく平日に行っていました。そこでの1人の時間がとても最高の贅沢だと感じていたのです。

それまでの店舗を進化させて、新たなカフェを敷地内に設けているのも、その経験が大きく影響しています。現在のカフェは本館のすぐ近くであるものの屋外園芸売り場を挟んだ別棟に立っています。一方でヨーロッパのガーデンセンターは店舗内にカフェがあることがほとんどであり、店内の大自然のような植物を見ながら、まるで森の中にいるような感覚でリラックスをすることができます。

以前の店舗も2階のジャングル化した観葉植物コーナーの近くにカフェがあり、ジャングルの花や緑を見ながらコーヒーを飲める場所だったのですが、少し奥まったところにあり集客に影響があったため、やむなく別棟に移動しています。今後さらに本場に近づける道を探っていきたいと思っています。

200人を収容する巨大なカフェも併設

私は現在の店舗に満足せず、さらなる理想形も考えています。もっと広大な敷地があれば親子で遊ぶ小さな公園のようなスペースや、さらに大量の植物を実際に植え込んで、それが咲き誇る姿を見せるなど、やりたいことはたくさんあります。宿根草を植える、バラ園をつくる、ビオトープ（生物の生息空間）を演出できる場所をつくるなど、アイデアは次々に浮かんできます。

そのようにして小さな自然体験までできる場所がガーデンセンターと一体になっていると、私たちが大切にする「Power of Plants（植物の力）」をより強く、身近に感じることができて、本場のガーデンセンターへ近づくと思っています。そういう場所こそが本来のガーデンセンターであるということを、私たちが日本の人々に伝えることができればうれしいです。

ヨーロッパのガーデンセンターの多くは、郊外に店舗があり、まわりは畑ばかりで何もないという状況です。ロードサイドに突如としてポツンと大きなガーデンセンターがあります。だからこそ、それだけの大自然のなかで、広大なスペースを使って運営ができるのです。

春などの園芸のシーズンはその郊外のガーデンセンターにさまざまな場所からたくさんの人が押し寄せ、雰囲気が一変します。ただ、通常はそんなにも人が詰めかけるという状況はありません。では、普段は何で集客をするかといえば、カフェで顧客を集めているわけです。花や緑に囲まれてリラックスできるカフェはそれだけでも十分な魅力があるため、たくさんの常連客がつきます。

場所によっては２００席以上あるカフェレストランを運営しているところもあります。私たちの店舗の１フロアの半分ぐらいが全てカフェレストランになっているようなイメージで、その規模の大きさに驚かされます。ガーデンセンター内でそれだけの規模の店舗を構えても、しっかり売上や利益を出して継続できるというところからも、園芸の本場であることがよく分かります。

ＩＧＣＡの国際大会は２５０人近くが集まって行われるため、このような巨大なカフェレストランが会場になり、着席パーティが開かれます。日本でこれをやろうとすると、都内で最も大きい園芸店である私たちの店舗でも不可能なので、ホテルや郊外のホームセンターに行かなければなりません。日本でもこの規模のガーデンセンターを実現できればよいなと思っています。

街と組んでつくるガーデンセンター構想

私は自分の店舗だけでなく、他の地域にも理想のガーデンセンターをつくりたいという夢があります。それはショッピングセンターの中にある園芸店のようなものではなく、本場ヨーロッパのように自然豊かな郊外の広大な敷地を使った、本物のガーデンセンターです。

そのためには、私たちが単独でやるよりも、街や自治体と協力のもと、まちづくりの一環として同じ方向を見て取り組めることがベストだと考えています。本場ならではの魅力あふれるガーデンセンターができることで、それは地域振興につながるかもしれません。住民の方々に花や緑に興味をもってもらうきっかけとなり、各家庭で庭や家の中で植物が当たり前に飾られるようになり、公園や街全体にもその流れが広まれば、今のＳＤＧｓの流れもあり、その自治体は注目を集めることになると思います。さらに、街の外観や見た目も美しくなり、住んでいる人たちは癒やされるなど、たくさんのメリットが考えられます。

地方の自治体は公園や空き地など、広大な敷地をもっています。これまでにも公園を緑化したい、ガーデンセンターをつくりたいという話がありましたが、それはなかなか現実のものにはなりません。

私が街や自治体と一緒に取り組んで、理想のガーデンセンターをつくりたいと思った背景には、今から7、8年前にPark-PFI（公募設置管理制度）という制度を知ったことがあります。

これは国土交通省が主導で進めている制度であり、都市公園の魅力と利便性の向上を図るために、公園の整備を行う民間事業者を公募・選定する制度のことです。この制度は国や自治体にも大きなメリットがあり、民間企業が培ってきたノウハウを活用することで、カフェやショップなどの展開が考えられ、地域の活性化や課題解決に役立つからです。

制度を知った私は、絶対に自治体と一緒に取り組みたいという思いを強くしました。それからは講演などに呼ばれて人前で話すときは、「Park-PFIを活用して自治体と一緒にガーデンセンターをつくりたい」と言い続けてきました。誰かに話さなければ私が抱えている理想を共感してくれる方が現れるはずはなく、伝えていれば可能性は低くても実現の芽が出てくるのではないかと、わずかな期待を寄せています。

Park-PFIは今少しブームになっているため、日本各地の公園などでその取り組みが進んでいます。ただ、残念ながらガーデンセンターをつくろうという取り組みはほぼありません。よくあるのは、比較的誘致しやすい飲食店や健康ランドを設置することです。

日本ではあまりない形ですが、海外では官民連携で公園にガーデンセンターをつくるケースは珍しいことではありません。自治体の担当者からも聞かれたので、イギリスの例などを説明しました。そのような具体的な事例があると、プロジェクトは前に進みやすくなります。

このガーデンセンターを実現することが私の夢であり、この夢を叶えるまでは社長を続けていたいと思っています。自治体と組んで街に本物のガーデンセンターをつくるというモデルをつくることができれば、全国にもこのモデルを展開できる可能性はあります。

このモデルは人口減少が進んでいる街で実施したとしても、ガーデンセンターにより集客力をアップできると証明できれば、他の地域からの流入に役立つからです。公園内にガーデンセンターをつくるというよりも、自治体と協力して新たな魅力ある観光スポットをつくっているイメージです。そうなれば、本当にヨーロッパのように花や緑などの植物が誰にとっても当たり前のものになり、生活に溶け込むという世界を実現できると思います。

ウェルビーイングの提供

私はガーデンセンターを通してウェルビーイングを提供したいと考えています。現在はＶＵＣＡの時代と呼ばれるように、これだけ複雑で、ややこしい時代になると、ほっと一息ついてリラックスできる時間がより一層重要になります。常に緊張の糸を張り詰めたまま生きられるほど人間は強いものではありません。

その役割をガーデンセンターは担うことができます。私が悩めるオランダ時代にそうであったように、ガーデンセンターにふらっと立ち寄り、植物に触れ、カフェでコーヒーを飲みながら休むだけで、とても幸せな気持ちになるものです。これこそが私はウェルビーイングだと考えています。

先日はあるテレビ番組の収録が私たちの店舗で行われ、撮影後にスタッフに感想を聞いてみると「みなさんが幸せそうに買い物をしているのが印象的だった」と話してくれました。これはとてもうれしい言葉でした。

園芸店、ガーデンセンターは、本来そういう場所なのです。生活必需品を買うのではなく、少しの工夫で生活をより豊かにしたい人たちが集まり、植物とのふれあいや買い物を楽しんでくれているのです。

近年のコロナ禍でもグリーンがもつ力を私自身が再認識しました。世の中は悲観的なムード一色に染まっているなかで、私たちの店には普段来ないような客層も含めてたくさんの人たちが集まり、安らぐ顔を目にしたのです。

人生は楽しいことばかりではなく、思いもよらないネガティブな状況に陥ることがあります。そんなときに、つい行きたくなる場所が、花や緑であふれているガーデンセンターなのだと確信しました。私たちの店はそういう人たちにとっても、第３の居場所になり、ウェルビーイングを提供できる場所でありたいと思っています。

バイオフィリアの重要性

現在は各地域で都市化が進み、街から自然が消えていっています。しかし、人間は本来、自然を求める生き物なので、今のように子どもから若者、高齢者まで全世代がグリーンを求めているということはとても自然なことなのだと思います。

それは感覚的な話ではなく、学術の世界でも活発に議論が進められています。ハーバード大学のウィルソン教授らは「人は生まれつき自然や動物、植物との結びつきを好む」というバイオフィリア仮説を提唱しました。バイオフィリアとは、バイオ＝生命、フィリア＝愛情という意味をもつ言葉です。この仮説論文を編集したイエール大学のケラート教授は「人に備わる自然や生命と友好関係を持とうとする性質は、個体および種として適応、持続、反映していく進化的闘争において有利となる。人の自然依存が低下すると、次第に生存が奪われ、減少する可能性が増える」と述べています。

また、テキサスA＆M大学のウルリヒ教授は、「木々が点在して見通しがきき、森林より安全で水や食物に恵まれたサバンナは人にストレス回復をもたらした。サバンナのような緑がある景観を好む傾向が現代人にも遺伝的に受け継がれている」という仮説を発表しています。

これらを証明するような研究もあります。例えば、人為的にストレスをかけて血圧を上げた人に車のビデオを見せても変化はなかったものの、自然の風景のビデオを見せると３分で急激に下がり、その効果は持続するという報告があります。また、いくつかの観葉植物は、適切な明るさで育てることで二酸化炭素濃度の上昇抑制や、有害揮発性有機化合物の吸収が期待できるといわれています。

バイオフィリアは世界的にも広くその考え方が普及しています。デジタル最先端をいくアメリカ・サンフランシスコのＩＴ系企業なども、オフィスを緑化しているところを見ると、さまざまなところで人はグリーンを求めているのだと感じます。

日本では兵庫県立大学大学院緑環境景観マネジメント研究科の豊田正博教授と、「新しいガーデンを考える会」で副会長を務める藤田　茂さんがバイオフィリアに関する冊子をつくり、園芸業界を中心に啓蒙《けいもう》活動を行っています。私自身も長年、園芸業界に携わり、バイオフィリアの効果は実感しているため、その活動に協力しています（『あなたがまだ知らないすごい植物のちから』豊田正博著、『あなたと共に働く職場の花・みどり』豊田正博、藤田　茂著）。

鳥や虫が集まるサステナブルな環境づくり

このバイオフィリアの考え方こそが、私が大切にしているウェルビーイングの根幹にあるものです。ウェルビーイングに関しては残念ながら日本は後進国ですが、最先端をいくイギリスはＲＨＳ（王立園芸協会）が主体となり、鳥や虫が集まるサステナブルなイングリッシュガーデンなど、その考え方を啓蒙しています。

都会では鳥や虫は嫌われてしまうことがありますが、本来は人間も植物も、鳥や虫も全てつながり、自然のなかで連動しているものなのです。鳥が植物の種を食べてほかのところで糞として出すことで新たな芽が生まれたり、ミツバチが受粉をして花の成長に大きく関わっていたりと、私たちのまわりの自然は鳥や虫などの動物と切っても切れない関係です。１年を通して、さまざまな植物と生き物に連携があり、それにより自然はより豊かになっていきます。

ＲＨＳは、どうしたら庭に鳥や虫が好んで来てくれるか、といった研究などをもとに情報を広く伝えています。そのため、ヨーロッパのガーデンセンターでは鳥や虫が集まりやすい樹木のコーナーをつくったり、ミツバチの巣をつくったりして、それを植物と一緒に販売しています。顧客もそれを当たり前に買って、自分たちの庭に設置して、自然のなかの一部としての庭をつくろうとしています。

ヨーロッパではこの自然回帰が園芸業界で積極的に推進されていて、ガーデンセンターも植物を売るだけでなく、いかに顧客に自然の循環、環境を提供するかというところに少しずつシフトしていっている印象があります。

私が求める、理想のガーデンセンターも、まさに自然のなかにあり、その循環を大切にするものです。箱庭のようなものをつくるのではなく、本来の自然のなかで植物と動物が連携し、豊かな世界をつくってくれる場所を目指したいと思っています。

ロンドンの街には街中に「キツネの道」があります。キツネが生息しているので、通り道となっている家が連帯して「道をつくってあげよう」と話し合い、完成したそうです。日本であればすぐに保健所に連絡がいき、街から排除されてしまうと思いますが、ロンドンでは違うのです。

自分たち人間が自然と共生する、循環のなかの一部であるという意識をとても強くもっています。こういう啓蒙や教育を含めたことこそが、ガーデンセンターが取り組むことだと思います。

これを目指すうえで現在の私たちの店舗に足りない点を挙げると、本質的な自然の融合と、子どもたちと自然のふれあいができる環境です。そのためには街中に箱もののガーデンセンターをつくるというよりも、自然のなかの一部としてガーデンセンターをつくることが理想だと思います。

今はサステナブルやＳＤＧｓという考え方が日本含め世界的に注目を集めているなかで、このような流れはさらに活性化することでしょう。それにしても面白いことだと思います。産業革命によりサステナブルやＳＤＧｓと真逆のことをどの国よりも早くしたイギリスが、この重要性にいち早く気づき、世界に先立ち、リーダーシップを発揮して活動を進めているのです。

ウェルビーイングやバイオフィリアを日本でも広める

今はウェルビーイングという言葉のもと、積極的にバイオフィリアの流れが世界的に推進されています。ただ、それは今に始まったものではなく、私がオランダに渡った１９９２年当時から、自然とのふれあいや自然回帰の欲望は、当たり前に雰囲気としてあるものでした。ガーデンセンターの関係者が集まると、薬剤をなるべく使わないようにしよう、土は自然保護のために余計に削らないようにしようなど、そういう会話が飛び交っていたものです。

その環境にすっかり頭が慣れてから6年が経過し、園芸業界がピークを迎えることになる１９９８年に帰国して、私はこの会社に就職しました。日本はサステナブルやウェルビーイングに対する考え方は非常に遅れていて、むしろ当時の日本にそのような考え方はほぼなかったように感じます。

当時の私はそれに疑問を抱くこともなく、とにかく日本の環境に慣れることに必死で、毎日働き続けました。また、そのときに「オランダや本場ヨーロッパではこうなっている」と話したところで、なんの力もない１人の若者の言葉など聞いてもらえるはずがなかったでしょう。まずは自分がその環境にアジャストして、ポジションを確立してから発信したほうが効果的です。

そして、日本帰国から数年が経過し、会社の取締役になってからは、私は園芸業界全体に対してさまざまな情報発信を行うようになりました。現在は、東京フラワー&グリーン（東京都鉢物生産者の会）、新しい園芸を考える会・会長（生産・流通・小売の全国有志の会）、International Garden Center Association・日本代表アドミニストレーター（ＩＧＣＡ・国際ガーデンセンター協会、世界の園芸先進国19カ国が加盟する園芸専門店の会）、新しいガーデンを考える会・理事（庭・エクステリアの全国有志の会）、公益社団法人 日本家庭園芸普及協会（家庭園芸を普及するための会）など、さまざまな園芸関係の会のリーダーとして、またメンバーとして、園芸業界の未来を考えるための交流や発信を行っています。日本でも園芸店やガーデンセンターを通して、ウェルビーイングやバイオフィリアの考え方を広く伝え、1人でも多くの人が花や緑、自然の癒やしの効果を享受できる世界をつくりたいと思っています。そのために、園芸業界が力を合わせて取り組むことが大切です。

大好きな村上春樹の世界

私は直感、最初に入ってきた感覚をとても大切にしています。大学生の頃に初めて村上春樹の本を読み、その頃は「面白いな」程度の感覚でした。社会人になってからはドラッカーをはじめビジネス書をメインで読むようになり、経営に役立つヒントをむさぼるように探し続けていました。

そんな私が村上春樹をはじめ小説を再び手に取ることがありました。社長就任以降にさまざまな改善策を実行するもうまくいかず、悩んでいたときです。ビジネス書ばかりではなくほかの本も読んでみようと改めて『海辺のカフカ』を読んでみると、大学生の頃とは感じ方が大きく変化していて、「なんだこの世界は」と衝撃を受け、村上ワールドにのめり込んでいったのです。

そして、私はこの村上ワールドを店舗にも反映しようと試みるようになりました。村上春樹の小説は、１つの作品のなかにさまざまな要素や世界観が複雑に絡み合っています。ホラー的なところもあれば、ロマンチックなラブストーリーもあり、さらに語られる視点も変化するなど、その構成の面白さに大きな魅力を感じました。

大好きな村上作品ですが、不思議なことにどの作品もラストシーンはまったく覚えていません。これは悪いことではなく、それだけ中身と結論までの過程がとても面白いということだと思っています。

私たちの店舗も村上作品と同様に、さまざまな楽しみ方ができる、複合的な要素を絡めたガーデンセンターにしたいという思いがあります。物語の一部を取り込みたいという話ではなく、その構成やストーリー性を活かしたいという話です。そこで植物だけでなくアクアコーナーやカフェをつくり、来るたびに展示が変わって実態をつかめないジャングル化した観葉植物コーナーなど、独特な世界観をつくりあげていきました。物語のラスト＝オザキフラワーパークの最終形態にこだわるのではなく、その途中経過、進化していくさまを顧客に楽しんでもらいたいという思いを込めています。

このようなコンセプト、思いはあるものの、来店客それぞれの見え方、楽しみ方が柔軟に変化するガーデンセンターでありたいと思っています。そのため、「観葉植物に特化した園芸店」など、こちらでコンセプトをがちがちに固めることはせずに、良い意味でのふわふわ感、ちょっとミステリアスな感じを残すことで、誰もが楽しめる場所になると思っています。

これは今でいう「多様性」のような話です。街中の小さな園芸店はリソースが限られているので、逆にコンセプトを固めて、ターゲットを絞り込んでいかなければ、集客につながらないところはあると思います。そうすると当然ながら、そのお店には明確に設定されたターゲットの顧客しか来店しないようになります。その点、私たちの店はありがたいことに都内に３０００坪の敷地をもち、遊び心や余白を詰め込める余地があるからこそできる戦略だと思います。

村上春樹が以前、話していた言葉で共感したものがありました。ラジオで聴いたのか記事で読んだのか、定かではないのですが、芸術家には２つのタイプがいて、１つは油田のようにアイデアが湧き出てくる人間と、もう１つは深くまで掘っていかないと油田に当たらない人間がいるという話です。彼は確実に後者で、地道にコツコツと掘り続けなければ、アイデアが出てこないタイプということです。そのおかげで地層を掘り進める筋肉がつき、その作業に精通するようになったというのです。

私もまさに後者のタイプであり、職業は違えど、考え方や実行していることはとても似ていると驚いたものです。アイデアをパッと簡単に思いついているわけではなく、その裏には見えないところで地道な作業が膨大にあるのです。

また、『村上春樹　雑文集』（新潮社）に「新しい音なんてどこにもない。ピアノの鍵盤を見てみなさい。全ての音はそこに並んでいる。君がある音にしっかり思いを込めれば、それは人とは違った響き方をする。君がやるべきことは、本当に意味を込めた音を拾い上げることだ」という言葉もありました。

これにも強い共感を覚えます。園芸業界を見てもまったく新しいものはなく、昔から連綿と続いてきたことばかりです。そのなかから今の時代に合ったものをどれだけ選ぶことができて、顧客に新しい見せ方でその価値を提供できるかが重要なのだと思います。

理想と願望をもつ

本を執筆する機会に改めて人生を振り返ってみると、20代の頃にオランダへ、園芸の本場ヨーロッパへ渡ったことは私の人生においてとても大きな経験だったと感じます。帰国した当時は、サステナブルやウェルビーイングの重要性をはっきりと理解していたわけではありませんが、現在の私の活動に確実につながり、1本の軸になっています。

園芸業界に携わり、これからを担う若い人たちに、ぜひ本場ヨーロッパへ行き、自分自身でその世界や空気、雰囲気を体感してきてほしいと思います。この本を読むだけやネットで見るだけよりも、現地へ行き、見て、触れて、話すことで、体の奥底に染みわたるものになると感じているからです。

私たちの会社と店舗を継ぐ意志のある私の長男にもこの話を以前からしていました。そして現在、彼はイギリスの隣国であるアイルランドに留学しています。アイルランドもまたイギリスと同様に自然が生活に溶け込んでいる、グリーンの文化が浸透している国です。彼が今、何を感じているのかは父親の私にも分かりませんが、私自身も当時の経験がこんなふうに未来につながるとは思っていなかったので、きっと良い影響をもたらすものと感じています。

私の経験は園芸業界でも特殊だと思うので、園芸業界を目指す若い人たちに「私と同じことをして」とは言えません。都内に規格外の大型店舗をもち、20代の頃にオランダで花屋を経営した経験をもって、現在は社長として働いています。会社がV字回復となるジャングル化によるＶＭＤ戦略を実行することができたのも、私のもつリソースや経験からくるところが非常に大きいことは間違いありません。

そのうえで話をすると、私が人生において最も重要だと思うことは「強い願望や熱意をもつこと」です。それさえあれば、たどる道は異なっていても、さまざまな壁にぶつかりながら、少しずつ理想の世界へ近づくことはできるはずです。

この強烈な思いがないと、人は壁にぶちあたったときに簡単に諦めてしまうものです。でも、思いがあれば人は諦めません。その過程では自身の成長や人との関わりのなかで願望や理想は変わってくることもありますが、それでも強烈な思いがあれば、前へ進もうとする意志が途切れることはありません。

夢の原点である願望や理想をもつためにはどうすればいいか、私はとにかく行動することだと考えています。できることはたくさんあります。本を読む、人に話を聞き、自分の足を使いさまざまな物事を直接体験しに行くなど、簡単にたくさんのものから刺激やアイデアをもらえるのだから、やらない手はありません。私もジャングル化を思いついた背景にはたくさんの本を読んだことがあり、多くの人と話をしたことも確実に影響しています。

願望や理想が決まったら、若者であればまずは飛び出して行動してみることでよいのですが、経営者であればそれを実現するための戦略やストーリーを、時間をかけて練り、詰めていくことです。1日考えたぐらいでできるものではなく、思いつきでやろうとしても、たいていは失敗します。

私が毎日、手帳にその日の出来事や考えを書き続け、半年に一度は1人合宿をして自分の内面と徹底して向き合ったように、継続的に自分との対話を続けていくことで、やるべきこと、やらないほうがよいこと、やるべき時期などが自然と決まっていきます。

世の中よりも1歩進んだ面白さを

私は思考の段階で、できる限り仮説をたくさん考えます。AをしたらBになる、CをしたらDになると、その過程もできるだけ細かく詰めて、シミュレーションをします。ただ、これは頭の中の空想に過ぎないので、このとおりにいくことはまずありません。

仮説は実行してみなければ絶対に結果が分からないので、次に実行をします。そこで得られた過程や結果から、私の仮説とどこが違っていたかを検証します。

完全に間違っていると判断したものは、そこでやめればいいだけの話です。次に結果の良かった仮説をピックアップして、想定と違ったところを調整して、また実施します。こういうことを繰り返していくうちに方向性が明確に見えてきて、ブラッシュアップした仮説の精度が上がり、理想へと近づいていくのです。

方向性が見えたら、重要なことは選択と集中です。お金や人材、時間など、使えるリソースには限りがあるため、分散させていると力が弱くなり、ゴールまでたどり着けません。理想に向けた成功確率が高い一手に絞り込み、その後は成功するまで徹底して続けます。

これを続けていると、私の感覚では世の中よりも少しだけ先へといくことができます。多くの人たちが面白いと思いながらも、言語化や形になっていないものを明確にすることができるようなイメージです。

そのイメージが出来上がったら、顧客をとらえて具体的なプランに落とし込みます。差別化を考えるあまり、私がオランダで花屋を始めた当初のように、数少ない日本人や盆栽好きのオランダ人を狙ったニッチにいってしまうと、大きな売上をとることができず、経営は厳しくなります。

世の中より１歩先に進んだ面白さを、世の中の多くの人のニーズに対して提供することができれば、会社は伸びるものだと私は感じています。そこにいきつくまでは、毎日仕事が終わってからも考え続けるなど、しんどいことが続きますが、そこを突き抜けると光が見えてくるものです。それが見つかったとき、私の場合はジャングル化によるＶＭＤ戦略を見つけたときの喜びは最高のもので、言葉では簡単に言い表せないものがあります。

模索を続けるうえで重要な要素は「数字」です。曖昧な思いばかりを追いかけても、曖昧な結果で終わってしまうものです。私は何かのアイデアを考えたら、仮説の段階ではできる限り数字を出して、詰めていきます。コストや売上、利益など、想定できる数字は全て可視化していきます。仮説の実行に移ったら、定点観測でその数字の変化を見ていきます。それを見れば、改善策は明確に見えてくるものです。

ただ、数字ばかり見ていたら、ジャングル化によるＶＭＤのような顧客が一目で「Ｗｏｗ！」と声をあげてしまうようなインパクト、斬新さは損なわれてしまいます。感覚と数字の両方をしっかりと意識して、そのバランスを追求していくこともまた、経営者に求められる素養です。

私は２００９年の日本農業新聞に出ていた園芸業界縮小の予測から、思考の旅が始まりました。そこから私は２０２５年の会社の売上予測を自分で出し、「このまま同じことをしていては続けられない」と思って、「どうしたら続けられるか」を考え続け、試行錯誤を繰り返した結果、今があります。

あれから15年以上が経過した現在、私が当時算出した２０２５年予測よりも、好調な売上、利益を出すことができています。思いをもち、挑戦を続けることで、必ず突破口は見えてくるはずです。

おわりに

最後まで読んでいただき、ありがとうございました。改めて私自身の人生と、会社の歴史を振り返ってみたことで、さまざまな気づきがありました。今後はここで得た気づきをさらに経営に活かし、発展するために日々邁進していこうと思います。また、私の夢である「理想のガーデンセンター」をつくることも必ず実現します。

私たちの会社と同様に、私は日本の園芸業界も盛り上げたいと強く思っています。私が会長を務める「新しい園芸を考える会」という園芸関係者有志の会があります。生産者や市場関係者、仲卸、メーカー、小売店など、各地で熱い思いをもって活動している園芸業界関係者が横断的に集まった会で、年に3回ほど集まり、勢いのある園芸店の視察・事例共有や、今後の園芸業界などさまざまなテーマで情報交換をしています。私も自社のV字回復の事例などは、できるだけ包み隠さずに共有するようにしています。

「新しい園芸を考える会」はＩＧＣＡの日本の受け皿でもあり、私はＩＧＣＡ日本代表アドミニストレーター、つまり日本の会長的な役割を担っています。ＩＧＣＡの国際的な集まりがあると、私が参加して、情報収集をして、日本に帰国してからは「新しい園芸を考える会」のメンバーに共有するという活動もしています。世界の園芸業界の動向、最先端の動きも把握しながら、日本の園芸業界全体を良くしていこうという団体です。

前回のＩＧＣＡ国際大会２０２３年はイタリアで開催され、20カ国から２５０人の園芸関係者の会員が参加し、バス５台に分乗して、１週間のスケジュールで各地のガーデンセンターなどを視察しました。アジアは日本と中国だけが加盟していて、このとき日本からは私を含む５人が参加しました。総会も行われ、そこでは各国の園芸業界の状況や現在の国際的な経済状況、園芸業界が進むべき未来について発表があります。

総予算１億円の巨大なツアーです。日本では２０１０年に１度目を開催し、２度目が２０２７年に決定したため、私は日本の会長として今まさに準備を進めているところです。旅行会社や代理店などは挟まず、全て自分たちで準備をするので、大変な毎日です。

ＩＧＣＡでヨーロッパの園芸店を視察すると、そのビジュアルの美しさに毎回驚かされます。さまざまな色を使いながらも品があり、美しく、華やかで、これこそがＶＭＤの最先端だと思って、私はいつも勉強しています。

ヨーロッパと比べると、やはり日本の園芸店はビジュアル面、「魅せる園芸」に対する意識が薄いのが現状です。でもそれはネガティブなことばかりではなく、これからさらにつくりこんでブラッシュアップできる余地があることであり、そこに日本らしい和の世界を絡めることでオリジナリティあるＶＭＤが実現できると私は考えています。

ＩＧＣＡの大会を通して海外で感じた経験や感覚を、日本に帰ってからは「新しい園芸を考える会」のメンバーに伝えるようにしています。日本の園芸業界も本場ヨーロッパに負けないぐらい盛り上げたいという思いが強くあります。

そのために必要なことの一つは人材育成や教育です。現在、国内はどこの業界も人手不足、若手不足に悩んでおり、園芸業界も例外ではありません。他の厳しい状況に比べて若い人材が入ってくれているほうだとは思いますが、生産者などは減少の傾向にあります。

このような園芸業界の課題に対して、「新しい園芸を考える会」が今後さらに力をつけて、人材育成や教育の領域にも携わることが理想だと思っています。イギリスやフランスではＩＧＣＡをはじめ、協会が園芸業界の人材育成カリキュラムを作成し、各園芸店はそれを使って人材の育成を行うという流れがきちんとできています。

特にイギリスの場合は自国のガーデンセンター協会やＲＨＳなどに国内の園芸店はほぼ加盟している状態になっており、そこで会費を徴収し、それを次の世代の育成にうまく活用して、業界全体を盛り上げるという状態になっています。

しかし、日本は残念ながらまだそのような状況にはなっておらず、有志だけの集まりになっていることが現状です。そこでは情報交換や成功事例の共有は積極的に行っていますが、業界全体に通底する人材育成や教育には取り組めていないので、ここは今後の課題だと考えています。

私はヨーロッパの園芸業界があれだけ発展した背景には、「学びあう」という姿勢がとても大きかったのではないかと考えています。自分１人の頭だけで、狭い範囲で考えるのではなく、たくさんの関係者で集まりコミュニケーションをとり、成功事例は積極的に共有することで業界全体が底上げされて、文化が成熟していったのだと思います。

ＩＧＣＡは60年以上の歴史をもち、着々とその「学びあい」を続けてきました。日本は加盟してまだ20年ほどと歴史は浅いものの、日本の園芸店はもっと「自ら動いて交流する、役立つ情報を獲《と》りに行く」という姿勢が必要だと感じています。そうすることで必ず変わってくるものがあるはずです。

私自身も園芸業界のなかの1人として、業界をますます盛り上げられるようにがんばっていきます。「〝植物の力〟その喜びを伝える業界のリーディングカンパニーとなる」というミッションを胸に、日々前進を続けます。

尾崎明弘（おざき あきひろ）

1969年1月16日生まれ。

1991年に大学を卒業し、大手ホームセンターに入社。その後、縁のあった株式会社サカタのタネ・オランダ支社へ研修生として赴き、人脈と知見を広げる。

1992年にオランダ・アムステルダムにて Ozaki Flower Park Europe B.V. を設立し、輸出入業務を行う。1995年オザキフラワーパーク・アムステルダム支店を開店し、フラワーショップを運営。1998年に帰国後、株式会社オザキフラワーパークに入社。2007年に代表取締役社長に就任。

2012年から独自のブランディング戦略を立てて築いたガーデンセンターは「植物のテーマパーク」「買える植物園」「植物の聖地」とも評され、業界全体で注目を集めている。

本書についての
ご意見・ご感想はコチラ

新しい園芸の世界を切り拓く
テーマパーク・ガーデンセンター

2025年1月31日　第1刷発行

著　者　　尾崎明弘
発行人　　久保田貴幸

発行元　　株式会社 幻冬舎メディアコンサルティング
〒151-0051　東京都渋谷区千駄ヶ谷4-9-7
電話　03-5411-6440（編集）

発売元　　株式会社 幻冬舎
〒151-0051　東京都渋谷区千駄ヶ谷4-9-7
電話　03-5411-6222（営業）

印刷・製本　中央精版印刷株式会社
装　丁　　立石 愛

検印廃止

Printed in Japan
ISBN 978-4-344-94887-7 C0034
幻冬舎メディアコンサルティングＨＰ
https://www.gentosha-mc.com/